내 동생도 알아듣는
쉬운 경제

김경락 글 | 윤지회 그림

사□계절

차례

머리말 • 6

1. 자유 시장 경제, 경쟁과 협력의 원리
　1) 경쟁은 42킬로미터를 뛸 수 있는 힘을 줘요 • 12
　2) 경쟁은 시장에서 이뤄져요 • 14
　3) 경쟁과 시장이 싸울 때 독과점이 생겨요 • 16
　4) 경쟁의 원리가 챙기지 못하는 가치가 있어요 • 19
　5) 경제는 달리기 시합보다 농구 시합과 더 비슷해요 • 22

2. 복지, 세상을 조금 더 아름답게 만드는 요술 상자
　1) 내 수업료, 병원비는 어디서 나올까요? • 26
　2) 복지는 공짜가 아니에요 • 27
　3) 복지는 부를 재분배하는 방법이에요 • 29
　4) 선별적 복지와 보편적 복지가 있어요 • 31
　5) 유럽형 복지와 미국형 복지는 어떻게 다를까요? • 35

3. 교육과 의료, 모든 사람이 누려야 하는 당연한 권리
　1) 시장은 자원을 효율적으로 분배하는 장치예요 • 42
　2) 시장은 신이 아니에요 • 44
　3) 교육과 의료는 시장 손에만 맡겨 둘 수 없어요 • 46

4. 기업, 지역 사회 및 국가와 공생하는 일터
　1) 기업이란 무엇인가요? • 54
　2) 기업은 왜 있는 걸까요? • 55
　3) 공기업, 사기업, 사회적 기업이 있어요 • 57
　4) 기업의 주인은 누구일까요? • 62

5. 윤리적 소비, 소비자가 바꾸는 세상
　1) 어떤 기준으로 물건을 고르나요? • 68
　2) 윤리적 소비란 무엇일까요? • 70
　3) 왜 윤리적 소비를 해야 할까요? • 73

6. 금융, 경제의 운명을 좌우하는 혈맥
　1) 왜 은행에 돈을 맡길까요? • 82
　2) 은행은 무슨 일을 하는 곳일까요? • 83
　3) 금융 위기는 줄줄이 사탕처럼 얽혀 있어요 • 86
　4) 금융의 공공성이란 무엇인가요? • 90

7. 신용 카드, 합리적 소비일까요, 악마의 유혹일까요?
1) 신용 카드란 무엇인가요? • 96
2) 신용 카드의 장점이 있어요 • 98
3) 신용 카드의 이면을 살펴보아요 • 101
4) 카드 대란이라고, 들어 봤나요? • 104

8. 보험, 정말 비 올 때 우산이 되어 줄까요?
1) 보험은 예상치 못한 위험에 대비하는 금융 상품이에요 • 110
2) 보험은 언제부터 있었을까요? • 112
3) 공보험과 사보험이 있어요 • 114
4) 보험은 한마디로 확률 게임이에요 • 117

9. 바른 먹거리, '알뜰' 장보기를 넘어 '바른' 장보기
1) 먹거리, 어디엔 풍족하고 어디엔 많이 부족해요 • 124
2) 우리 몸에 맞고 우리 몸에 좋은 바른 먹거리를 찾아요 • 125
3) 바람직하게 생산된 바른 먹거리는 무엇일까요? • 127
4) 직거래 시장이 늘고 있어요 • 130
5) 알뜰 장보기를 넘어, 소비자가 세상을 바꿔요 • 131

10. G2, 세계 양대 최강국 미국과 중국
1) 아메리칸드림, 그때 미국에선 무엇이든 가능했죠! • 136
2) 아메리칸드림에서 깨어났어요 • 138
3) 중국이 새롭게 꿈을 꾸어요 • 140
4) 강대국 미국과 중국 사이, 우리의 자리는 어디일까요? • 142

11. 외국인 노동자, 차별받지 않을 권리
1) 60만 명 외국인 노동자는 도대체 어디에 있을까요? • 148
2) 차별을 정당화할 근거가 있나요? • 149
3) 꼭 필요하지만 하고 싶지 않은 일은 누가 하나요? • 151
4) 인간은 부품이 아니에요, 따뜻한 시선으로 보아요 • 152

12. 세계 빈곤, 가난한 나라가 더 가난해지는 악순환
1) 출발선이 똑같은 게 공정한 걸까요? • 158
2) 나라마다 출발선이 달랐어요 • 159
3) 중세와 산업 혁명 시대에는 어땠을까요? • 161
4) 제국주의와 식민지 시대를 살펴보아요 • 164
5) 대한민국, 가난을 딛고 일어선 자랑스러운 나라예요 • 166

머리말

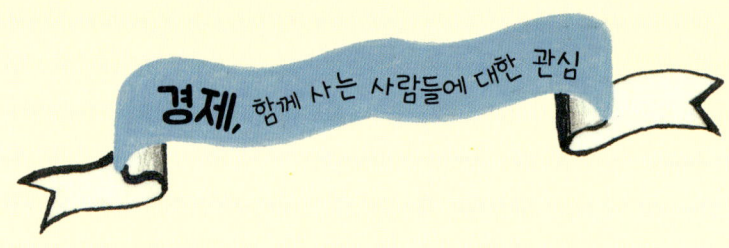
경제, 함께 사는 사람들에 대한 관심

나는 어디에 있을까? 어떻게 살아가야 할까? 지금 하는 공부나 놀이는 어떤 의미가 있을까? 의문이 꼬리에 꼬리를 뭅니다. 선생님이나 부모님에게 물어봐도 속 시원한 대답이 돌아오지는 않습니다. 답답할 뿐이지요.

이 책을 쓴 저도 여러분이 그런 질문을 던진다면 막상 해 줄 수 있는 말이 별로 없습니다. 저 역시 풀어야 할 물음들이니까요.

도구가 있으면 어려워 보이는 일도 손쉽게 해결할 수 있습니다. 무거운 물건이라도 손수레가 있으면 좀 더 옮기기 수월합니다. 못을 박을 때 망치가 없다면 얼마나 힘들까요?

이 책을 쓴 이유도 여러분에게 앞서 언급한 물음에 답하는 데 이 책이 도움을 주는 도구가 되길 바라서입니다.

경제는 우리 사회가 움직이는 원리 가운데 중요한 하나입니다. 복잡다단해 보이는 각종 사회 현상도 경제라는 틀에서 크게 벗어나지 않습니다. 경제를 잘 이해하면 복잡한 문제도 하나하나 풀어 갈 수 있다는 뜻입니다. 이런 점에서 경제를 단순히 '돈을 버는 방법'으로만 여긴다면 경제의 지극히 작은 부분만 보는 것입니다.

경제는 철학이나 정치, 문학과도 관계가 깊습니다. '세상을 아름답게 만들고 싶다.'라는 꿈이 있다면 경제 공부를 멀리하지 말길 바랍니다. '세상

을 정확히 드러내 보이는 소설을 쓰고 싶다.'라는 꿈을 가진 친구도 경제를 잘 알아야 합니다. 경제를 모르는 정치가나 소설가는 그럴듯한 말만 늘어놓는 허풍쟁이가 되기 십상이지요.

또한 경제를 알고자 하는 노력은 함께 사는 사람들에 대한 관심이기도 합니다. 경제는 어느 한 사람의 힘으로 움직이지 않거든요. 다양한 역할을 하는 여러 사람들의 움직임이 모여 거대한 경제가 돌아가는 것이지요. 그러니 누군가를 돕는 데 관심이 있는 친구도 경제를 꼭 알아야 합니다.

모든 일이 그렇듯 어느 하나를 깨치기란 쉽지 않습니다. 한 걸음 한 걸음 나아가고, 한 단계 한 단계 깊게 들어가야 합니다. 이 책은 그런 점에서 경제를 통해 세상의 일면을 알아보려는 여러분에게 첫 번째 길잡이쯤 될 것입니다. 첫 번째 길잡이인 만큼 동시에 많은 내용을 좀 더 알아듣기 쉽게 썼습니다.

이 책으로 경제의 대략적 얼개를 파악하고, 경제에 대해 더 알고 싶어져서 그다음 단계를 공부해 보는 친구들이 많았으면 좋겠습니다.

2015년 봄

김경락

1

자유 시장 경제,
경쟁과 협력의 원리

1) 경쟁은 42킬로미터를 뛸 수 있는 힘을 줘요

친구들과 달리기 시합을 해 봤을 겁니다. 요즘에는 스마트폰이나 컴퓨터같이 가만히 앉아서도 즐거운 시간을 보낼 수 있는 놀이 도구가 많아졌습니다. 그래도 한 번쯤은 친구들과 누가 더 빨리 달리나 내기를 해 봤을 거예요.

한 살씩 나이를 먹으면 키도 자라고 힘도 세집니다. 달리기 실력도 자연스레 좋아집니다. 아마도 초등학교 1학년 때 달리기 실력과 6학년 때 실력은 많이 다르겠지요. 그런데 단지 힘이 세지고 키가 자란다고 달리기 속도가 저절로 빨라질까요?

어떤가요? 모두 그렇지는 않겠지만, 시합을 할 때 좀 더 빨리 달릴 수는 있습니다. 함께 달리는 친구의 실력이 엇비슷할수록 좀 더 빠른 기록을 낼 수 있지요.

다른 친구들과 시합을 할 때 더 빨리 달릴 수 있는 이유는 뭘까요?

그렇습니다. 혼자 달리면 중간에 포기하거나 천천히 달리고 싶은 유혹에 빠지기 쉽습니다. 하지만 시합일 때는 친구가 앞질러 가면 젖먹던 힘까지 내게 돼요. 시합의 묘미이지요.

달리기 시합 이야기를 꺼낸 것은 '경쟁'을 설명하기 위해서입니다. 벌써부터 마음이 답답하다는 아우성이 들리는 듯하군요. 이해합니다. 학교든 집이든 학원이든 간에 어디서든지 경쟁을 '강요'받고 있다고 생각할 테니까요. 어느 정도 그게 사실이기도 하고요.

경쟁이 부담스러운 것은 사실이지만 나쁘기만 한 것도 아닙니다. 달리기 시합에서 알 수 있듯이 경쟁은 우리를 좀 더 빨리 달리게 하는 힘이 됩니다. 지치고 힘들 때 더 힘을 내도록 하고, 숨겨진 잠재력을 끌어내기도 하지요. 피겨 스케이팅 김연아 선수에게 일본의 아사다 마오 선수가 없었다면 어땠을까요? 지금처럼 금메달을 딸 수 있었을까요?

2) 경쟁은 시장에서 이뤄져요

우리나라 경제는 바로 경쟁을 핵심 원리로 삼고 있습니다. 시장에서 이뤄지는 경쟁을 통해 성장하고 발전하는 나라입니다. 이러한 경제 체제를 '자유 시장 경제'라고 부릅니다.

'시장'이라고 하면 무엇이 먼저 떠오르나요? 주말에 엄마, 아빠와 함께 가는 대형 할인점이나 할아버지, 할머니가 채소나 고기를 파는 재래시장이 떠오르나요? 맞아요. 대형 할인점이나 재래시장도 우리가 쉽게 접할 수 있는 시장이랍니다.

하지만 자유 시장 경제를 이야기할 때 시장은 좀 더 넓은 의미입니다. 재래시장처럼 구체적인 모습이 있는 시장 말고 형체가 없는 시장도 있습니다. 딱히 공간이 없더라도 '무언가를 사고파는 행위'가 있으면 시장이라고 부르죠. 한 예로 신문이나 텔레비전 뉴스에 날마다 소개되는 주식 시장도 형체가 없는 시장입니다.

시장에는 물건을 만드는 사람, 파는 사람, 사는 사람이 있습니다. 물건을 만드는 사람들 사이의 시장, 물건을 파는 사람들 사이의 시장, 물건을 사는 사람들 사이의 시장이 모두 따로 있습니다. 또 물건을 만드는 사람과 파는 사람, 파는 사람과 사는 사람 등을 서로 연결하는 시장도 있지요. 이러한 시장마다 경쟁이 일어납니다.

공책 시장을 생각해 볼까요? 문방구에 가면 참 많은 공책이 있습니다. 색깔도 다르고 종이 질감도 다릅니다. 크기도 제각각이죠. 디자인도 가지각색, 캐릭터로 꾸며진 공책도 있습니다. 이렇게 다양한 공책을 문방구에서 볼 수 있는 건 바로 공책을 만드는 사람들 사이에 '경쟁하는 시장'이 있기 때문입니다. 공책을 사는 사람의 마음에 조금이라도 더 들기 위해 남과 다른 공책을 만드는 것이죠.

여러분도 경쟁을 합니다. 생각해 봅시다. 누가 봐도 멋있고 쓸모 있는 공책이 있어요. 그러면 너도나도 사겠다고 하겠지요? 공책은 한 권인데 사겠다는 사람이 10명이면 어떻게 될까요? 공책 만드는 사람

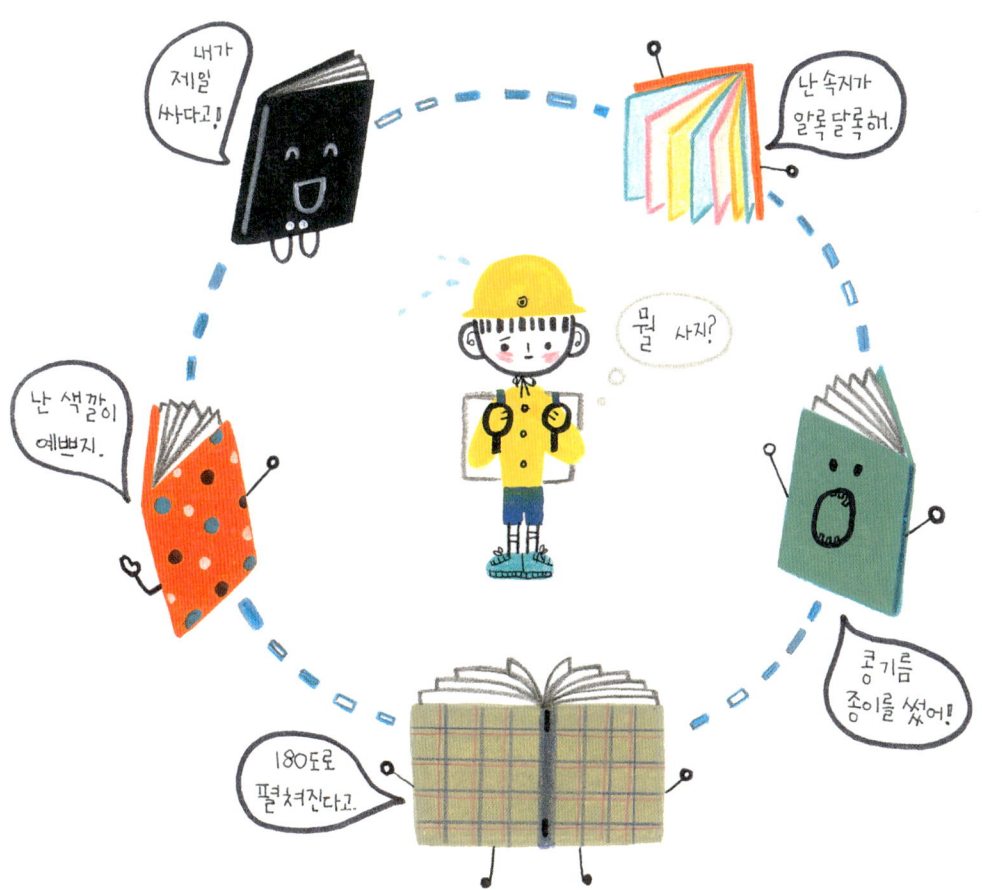

이 공책값을 올리게 됩니다. 이렇게 서로 사겠다며 더 많은 돈을 내는 것이 바로 경쟁입니다.

이처럼 공책 시장이 있기 때문에 많은 사람들이 경쟁을 하고 보다 좋은 공책들이 만들어지는 겁니다. 자유 시장 경제는 공책 시장을 움직이는 원리와 똑같이 움직입니다.

3) 경쟁과 시장이 싸울 때 독과점이 생겨요

시장 안에서 경쟁이 일어나고, 경쟁이 있기에 시장은 제 역할을 합니다. 이렇듯 경쟁과 시장은 무척 가까운 사이이지요. 그런데 친구들도 싸우는 일이 있는 것처럼 경쟁과 시장도 충돌하는 경우가 있습니다. 경쟁이 지나치다 보면 시장이 제 기능을 하지 못하는 상황이 됩니다. 이런 상황을 가리키는 표현 중 하나가 '독과점'입니다. 독과점이란 물건을 파는 사람이 아주 적어서 시장이 제 기능을 하지 못하는 상황을 가리킵니다. 소비자는 질이 나쁜 물건이라도 비싼 값에 살 수밖에 없고, 물건을 파는 판매자는 지나치게 돈을 많이 버는 부작용이 생기지요.

다시 공책 시장 이야기를 해 보죠. 공책 만드는 사람이 충분히 많지 않다면 어떤 일이 벌어질까요? 하다못해 공책을 만드는 사람이 서너 명에 불과하다면요. 경쟁이 없거나 경쟁할 상대가 너무 적은 상황입니다. 그러면 만드는 사람들끼리 입을 맞춰서 가격이나 품질을 조정할 수 있을 겁니다. 이럴 때는 질이 좋지 않은 공책을 생산해 비싸게 팔 가능성이 큽니다. 누구든 적은 비용을 들여서 더 많은 돈을 벌고 싶어 하니까요. 원래 가격이나 품질은 수요와 공급이 만나는 시장이 조정하는 건데, 공책 만드는 사람이 너무 적으면 공책 만드는 사람이 가격과 품질을 조정하는 셈이 되어요. 이렇게 되면 공책을 사는 사람은 울며 겨자 먹기로 질이 좋지 않은 공책을 비싼 값에 살 수밖에 없습니다.

경쟁이 너무 치열하게 되면 공책 만드는 사람이 적어집니다. 원래는 만드는 사람이 많았는데, 치열한 경쟁 과정에서 이기지 못한 사람들이 공책 만드는 일을 포기하기 때문이죠. 이런 일은 우리 주변에서 쉽게 찾아볼 수 있습니다.

예전에는 재래시장이 참 많았습니다. 하지만 요즘에는 장 보러 다들 대형 할인점에 가지요. 처음에는 재래시장과 대형 할인점이 서로 경쟁을 했지만, 보다 싸고 질 좋은 제품을 대량으로 파는 대형 할인점이 이기게 되었습니다. 대형 할인점은 돈을 엄청나게 투자해 큰 건물에 넓은 주차장, 많은 수의 친절한 직원, 놀이 시설이나 음식점까지 두어 사람들이 쇼핑하기 편리하도록 만들어 놓았거든요. 그래서 재래시장이 많이 사라졌습니다. 여기까지는 경쟁을 통해 나타날 수 있는 자연스러운 현상입니다. 소비자들도 이 경쟁 때문에 보다 싸고 질 좋은 물건을 살 수 있게 되었으니 마다할 일은 아닙니다.

그런데 정말 모든 재래시장이 사라지고, 또 대형 할인점 중에서도 가장 돈이 많고 힘이 센 할인점만 남게 된다면 어떤 일이 벌어질까요? 우리 소비자들에게 좋기만 한 일일까요? 좀 더 멀리 보면 꼭 그렇지만은 않은 게 문제예요. 그때부터는 살아남은 몇몇 대형 할인점이 형편없는 물건을 내놓고도 서로 입을 맞춰 가격을 올리면 소비자들이 울며 겨자 먹기로 살 수밖에 없습니다. 이미 다른 시장이나 상점은 문을 닫은 뒤이니까요.

이처럼 경쟁이 지나치게 치열해지면 독과점으로 이어질 수 있고, 결국 시장 자체가 무너질 수 있습니다. 이런 일이 생기지 않도록 하기 위해 우리나라는 '공정거래위원회(줄여서 공정위)'라는 기구를 두고 있습니다. 공정거래위원회는 기업들이 서로 입을 맞추고 있는 것은 아닌지, 소비자들이 거대 기업 때문에 일방적으로 손해를 보고 있는 것은 아닌지 감시합니다. 이런 의미에서 공정위를 자유 시장 경제의 파수꾼이라고 할 수 있습니다.

4) 경쟁의 원리가 챙기지 못하는 가치가 있어요

앞에서 봤듯이 우리 경제는 '경쟁의 원리'를 바탕으로 하는 '자유 시장 경제'입니다. 하지만 경쟁의 원리가 전부는 아니에요. 지나친 경쟁이나 불공정한 경쟁, 무분별한 경쟁까지 허용하는 것은 아니라는 얘기입니다. 나아가 아무리 공정한 경쟁이라 하더라도 무제한으로 허용되지는 않지요. 양극화와 같은 부정적 결과를 피할 수 없으니까요. 그래서 우리나라를 비롯해 경쟁의 원리를 받아들이고 있는 많은 나라에선 그 부작용을 줄이기 위해 또 다른 가치를 강조합니다. 바로 '민주주의'이지요. 민주주의란 자유로운 경쟁을 최대한 보장하더라도 그에 따른 부작용이 발생할 때는 국가 혹은 정부가 개입할 수 있도록 하는 제도라고 할 수 있지요. 사람들 사이에 벌어들이는 소득 차이가 많이 난다면 부자에게는 세금을 더 많이 걷고, 가난한 사람한테는 생계비를 지원해 주는 제도나 일자리를 얻지 못해 어려움을 겪고 있는 사람에게 실업 수당을 주는 제도들이 바로 '경쟁의 원리'가 낳는 부작용을 줄이기 위해 국가가 시장에 개입하는 한 형태입니다.

다시 대형 할인점과 재래시장 이야기를 해 볼게요. 대형 할인점과 재래시장이 경쟁을 해서 소비자들이 보다 나은 물건을 살 수 있다면 그 자체로는 '자유 시장 경제'의 매우 바람직한 측면입니다.

그렇지만 누구도 재래시장이 경쟁에 밀려 모조리 사라지는 것을 환영하지는 않아요. 대형 할인점이 한 달에 두 번은 쉬어야 한다거나 재래시장이나 동네 상점에서 파는 물건을 대형 할인점은 팔지 못하도록 해야 한다거나 하는 주장이 나오는 것은 분명 이를 반대하는 사람도 있다는 거예요.

돈이 많고 힘이 센 대형 할인점만 남는다면 재래시장이나 동네 상점에서 일하는 사람들은 일자리를 잃게 됩니다. 경쟁에 밀렸으니 당연한 결과라고 쉽게 말할 수 있을까요? 우리는 경쟁이 중요하다고 생각하지만, 동시에 더불어 살아가야 한다는 생각도 갖고 있습니다.

더불어 산다는 말을 조금 어려운 말로 '연대'라고 합니다. 이 용어를 알든 모르든 상관없이 우리 모두는 소득 격차가 지나치게 커지거나 승자가 모든 것을 남김없이 차지하는 행위를 보면 불공평하다고 느낍니다. 일정한 수준의 격차는 경쟁을 불러일으키고 우리의 삶과 경제를 살찌우지만, 그 이상을 넘어서면 우리 삶은 불행해지고 경쟁 그 자체에 대한 불신과 적대감마저 생깁니다.

연대의 원리는 경제 논리에 비춰 봐도 틀리지 않습니다. 만약 모든 동네 상점과 재래시장이 사라지면 그곳에서 일하던 사람들이 일자리를 잃고 돈을 벌지 못하겠죠. 그러면 대형 할인점은 어떻게 될까요? 경쟁자가 없어졌으니 돈을 마구 벌 수 있을까요? 그렇지 않습니다. 대형 할인점이 돈을 벌려면 물건을 사는 사람이 있어야 하잖아요.

그런데 모든 경쟁자가 문을 닫아 돈을 벌지 못하니 물건을 살 수 있는 사람도 줄어듭니다.

　미국의 자동차 왕 헨리 포드 알고 있죠? 헨리 포드는 노동자에게 임금을 많이 올려 줘야 한다고 주장한 기업인입니다. 마음이 착해서만은 아니었습니다. 자동차를 아무리 많이 만들어도 살 수 있는 사람이 없다면 아무 소용 없다는 이치를 포드는 알고 있었던 것이지요.

5) 경제는 달리기 시합보다 농구 시합과 더 비슷해요

　경제는 달리기 시합보다는 농구 시합과 더 비슷합니다. 달리기 시합은 남보다 더 잘 달리면 이기는 경기이지만, 농구 시합은 우리가 다른 우리보다 더 잘해야 이기는 경기입니다. 경쟁의 원리와 더불어 연대의 원리도 함께 중요한 시합이지요.

　농구에는 다양한 포지션이 있잖아요. 키가 큰 친구는 센터를, 머리가 빠르고 드리블이 좋은 친구는 공을 배급하고 경기를 운영하는 가드를, 어디서든 자유자재로 골을 잘 넣는 친구는 포워드를 맡습니다. 이 모든 것은 시합에서 이기기 위해 필요한 재능인데, 포지션별로 요구되는 재능은 다릅니다. 이처럼 서로 다른 재능을 갖고 있는 사람들이 서로 협력해야 강한 팀이 될 수 있습니다. 이런 점에서 우리 삶은 농구 시합과 꼭 닮았습니다. 자유 시장 경제가 경쟁의 원리만으로는 제대로 굴러가기 힘든 이유입니다.

2

복지,
세상을 조금 더 아름답게
만드는 요술 상자

1) 내 수업료, 병원비는 어디서 나올까요?

많은 친구들이 영어 학원이나 수학 학원 같은 사설 학원을 한두 곳은 다닙니다. 엄마가 가라고 해서 떠밀려 가는 친구도 있을 테고, 친구와 함께 다니는 게 즐거워서 학원 문을 두드리는 친구도 있을 겁니다. 그런데 가끔 엄마, 아빠의 이런 푸념도 들립니다. "너희들 학원비 마련하느라 허리가 다 휜다."

그런데 여러분이 하루 종일 시간을 보내는 학교는 어떤가요? 학원에는 다달이 수업료를 내는데, 학교에도 수업료를 내나요? 그렇지 않지요. 학교에는 더 많은 선생님이 계시고 더 다양한 수업이 있지만 이상하게도 '방과 후 수업'을 빼고는 따로 수업료를 내지 않지요.

비슷한 서비스를 받지만 학교처럼 돈을 전혀 내지 않거나 내더라도 조금만 내는 곳이 주변에 많이 있습니다. 동네에 하나쯤은 있을 복지 회관도 그런 곳 중 하나이지요. 복지 회관에는 책을 마음껏 읽을 수 있는 도서실도 있고, 발레나 미술, 음악을 배울 수 있는 여러 가지 수업도 마련되어 있습니다. 할머니, 할아버지들이 쉴 수 있는 공간도 있고, 영화관이나 아기들 놀이 공간도 있습니다. 모두 이용료가 무료이거나 매우 쌉니다.

사실 병원이나 약국도 어느 정도는 복지 회관과 비슷합니다. 눈썰미가 있는 친구라면 병원비와 약값이 그리 비싸지 않다는 사실을 알고 있을 겁니다. 감기 같은 가벼운 병을 치료하기 위해 내는 약값이

짜장면 한 그릇 값도 되지 않죠. 조금 이상하지 않나요?

　복지 회관에서 저렴하게 영화를 보거나, 병원비나 약값을 조금만 내거나, 학교에 수업료를 거의 내지 않고도 유익한 수업을 들을 수 있는 건 다 '복지'란 녀석 덕분입니다. 복지가 없다면 여러분은 제값 주고 수업을 들어야 하고 약값도 온전히 다 내야 합니다. 돈이 부족한 친구들은 학교에 갈 수조차 없겠지요. 아파도 쉽게 병원에 갈 수 없는 친구들도 많아질 겁니다.

2) 복지는 공짜가 아니에요

　여러분이 학교에 수업료를 내지도 않았는데 선생님은 월급을 받습니다. 여러분이 복지 회관에서 배우는 발레 수업료를 조금만 냈는데도 복지 회관은 잘 굴러갑니다. 도대체 어떻게 된 걸까요?

　바로 정부에서 선생님에게 월급을 주고 복지 회관에 부족한 운영비를 지원하기 때문입니다. 정부가 돈을 막 찍어 내는 것도 아닌데 어떻게 그 많은 돈을 마련할까요?

　바로 여러분의 엄마, 아빠, 심지어 여러분이 내는 세금으로 정부는 돈을 마련합니다. 정부는 세금을 모아서 학교 선생님에게 월급을 주고 복지 회관에 운영비를 나눠 줍니다. 결국 여러분 부모님이나 여러분 주머니에서 나간 돈이 돌고 돌아 다시 여러분에게 돌아오는 셈이지요. 어때요? 복지를 공짜라고 여기면 안 되겠지요.

정부에서 세금을 걷는 방법은 다양합니다. 한 달 동안 엄마나 아빠가 일해서 받는 월급에서 정해진 만큼씩 떼어 가기도 하고, 은행에 맡긴 돈에 붙는 이자에서 떼어 가기도 합니다. 집이나 차를 사고팔 때도 세금이 붙습니다.

앞에서 여러분도 세금을 낸다고 했지요? 여러분은 오늘도 세금을 냈답니다.

"언제요?"

아이스크림 사 먹을 때, 문방구에서 공책이나 연필을 살 때, 예쁜 스티커를 살 때 여러분은 세금을 냈습니다. 여러분은 당연히 물건값이라고 생각해 돈을 내지만 거기에 세금이 포함되어 있거든요. 물건값에는 이미 '부가 가치세'라고 불리는 세금이 보통 10퍼센트 붙어 있습니다. 이렇게 정부는 여러 가지 방식으로 세금을 거둬서 복지에 씁니다.

그러니 여러분이 물품을 낭비하면 결국은 세금을 더 많이 내게 되는 거예요. 마찬가지로 공짜처럼 보인다고 해서 복지 서비스를 낭비하면 결국 여러분과 여러분 부모님 부담이 늘어나게 된답니다.

3) 복지는 부를 재분배하는 방법이에요

뭐가 그리 복잡하냐고요? 어차피 내 주머니에서 나간 돈이 돌고 돌아 다시 돌아올 바에야 처음부터 세금을 내지 말고 복지 서비스도 받

지 않고, 뭐든지 제값 주고 이용하면 되지 않느냐고요? 만약 그렇게 생각한다면 여러분은 중요한 한 가지를 놓치고 있는 겁니다. 지금부터 복지의 비밀을 알아봅시다.

　복지는 여러분 주머니에서 나간 세금으로 만들어집니다. 그런데 놓치지 말아야 할 점은 주머니에서 나간 만큼만 복지로 돌아오는 것이 아니라는 겁니다. 여러분이 낸 것보다 더 많이 돌아올 수도 있고, 더 적게 돌아올 수도 있습니다.

　세금은 다양한 기준으로 정해집니다. 가장 대표적인 기준이 '돈을 많이 버는 사람이 더 많은 세금을 낸다.'라는 겁니다. 이를테면 1년에 1억 원을 버는 철이 아버지와 1년에 2000만 원을 버는 순이 어머니가 정부에 내는 세금 액수는 다릅니다.

　'비싼 물건일수록 더 많은 세금이 붙는다.'라는 기준도 있습니다. 연필을 살 때보다 다이아몬드 목걸이를 살 때 내는 세금이 더 많습니다. 이 밖에도 담배나 술, 석유에 붙는 세금은 책이나 우유를 살 때 붙는 세금보다 많습니다. '공해를

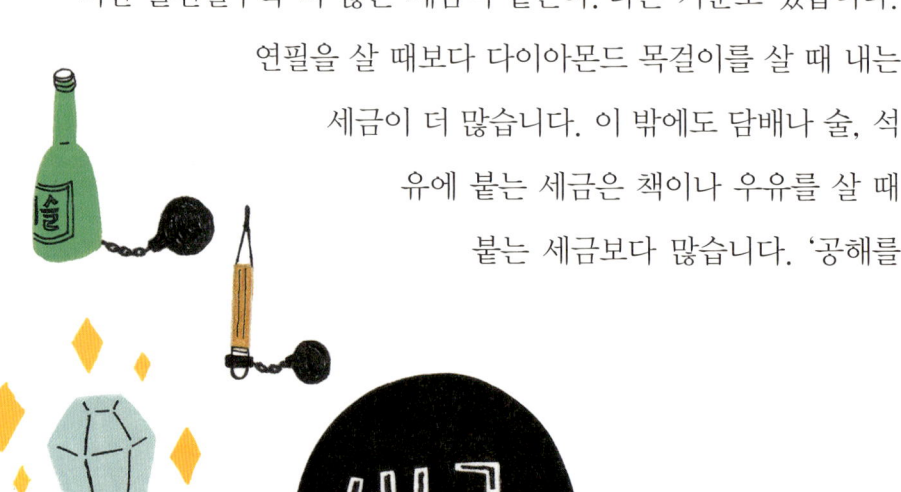

일으키거나 건강에 나쁜 물건에 더 많은 세금이 붙는다.'라는 기준도 있거든요.

이처럼 세금을 내는 정도는 사람마다 다릅니다. 하지만 세금이 다르다고 해서 복지 회관 이용료가 달라지지는 않습니다. 세금을 많이 내는 부자의 아들딸이라고 해서 학교에서 특별 대우를 받는 것도 아닙니다. 복지는 이처럼 차등적으로 걷은 세금으로 똑같이 나눠 주는 특징이 있습니다. 이런 과정을 '부의 재분배'라고 합니다.

4) 선별적 복지와 보편적 복지가 있어요

복지의 이런 특성이 때로 반발을 낳습니다. 먼저, 세금을 많이 내는 사람들이 불만을 갖기 쉽겠지요. 내는 돈보다 돌아오는 복지가 적으니 당연히 불만이 생길 법합니다. 이 때문에 세금을 적게 걷는 나라로 국적을 바꾸는 부자들도 있고, 다른 나라에 가서 사업을 하는 기업 이야기도 종종 뉴스에 나옵니다.

필요한 사람에게만 복지를 주지 굳이 주지 않아도 되는 사람에게까지 복지를 왜 주냐는 불만도 있습니다. 한 푼이라도 아껴야 하는 세금을 좀 더 효율적으로 쓰자는 주장이지요. 이 주장은 여러분이 매일 학교에서 먹는 급식 문제로 무척 떠들썩하게 제기된 적이 있습니다.

매우 그럴듯한 주장입니다. 또 사실 무엇이 정답인지도 애매모호합니다. 세금을 더 많이 내는 부자한테 더 많이 주자는 게 아니라 부자에게 줄 것을 줄여서 가난한 사람에게 더 많이 주자는 주장이니까요. 형편을 가려 복지를 제공한다는 의미에서 이런 복지를 '선별적 복지'라고 합니다.

그럼 학교 급식 문제를 생각해 볼까요? 여러분 문제이니까 좀 더 가깝게 느낄 수 있을 거예요. 만약 학교 친구 가운데 집안 형편이 어려운 친구들만 급식을 무료로 먹는다고 해 봅시다. 같이 공부하고 같이 뛰어노는 친구인데 급식 시간만 되면 가난한 친구, 부자인 친구, 이렇게 나뉘지 않겠어요? 아마도 무료로 급식을 먹는 친구나 돈을

내고 먹는 친구나 모두 마음이 불편할 겁니다. 함께 밥을 먹는 것, 식사 예절을 지키는 것도 여러분이 배워야 할 중요한 가치이니까요.

바로 이것이 선별적 복지의 한계입니다. 선별적 복지는 때로 누군가의 마음에 생채기를 낼 수가 있고, 그 결과 좀 더 따뜻한 사회를 만들려는 복지의 목적이 허물어집니다. 이럴 위험이 큰 경우에는 형편을 가리지 않고 똑같은 혜택을 주는 '보편적 복지'가 필요합니다.

한 가지 더 생각해 볼 점은 복지는 사회 안전망 기능을 가져야 한다는 겁니다. 사회가 너무 불안해지지 않도록 최소한의 안전장치가 필요하다는 거지요. 바로 복지가 이 안전장치 노릇을 해야 한다는 뜻입니다. 치열한 경쟁에서 살아남지 못했다고 해서, 한 번의 실수로 가진 재산을 모두 날렸다고 해서 삶 자체가 위태로워진다면 어떨까요? 어느 누구도 시도하지 않고 도전하지 않으니 발전할 수도 없을 것입니다. 혹시 새로운 일에 도전했다가 실패하면 안정적인 생활은 꿈도 꿀 수 없을 테니까요. 그 어려움은 자자손손 영향을 끼칠 테고요. 누구나 실패할 수 있고, 가난한 사람도 심각한 병에 걸릴 수 있습니다. 그래도 인간으로 최소한의 권리를 누려야 하고, 삶을 포기하지 않아야 합니다. 그래서 복지는 인간 존엄을 지키는 최후의 보루라고도 할 수 있습니다. 또 어려운 사람들과도 한 사회에서 어울려 살아야 하는 만큼 그 고통과 분노 같은 불편한 감정이 나에게 묻어오지 말라는 법도 없지요.

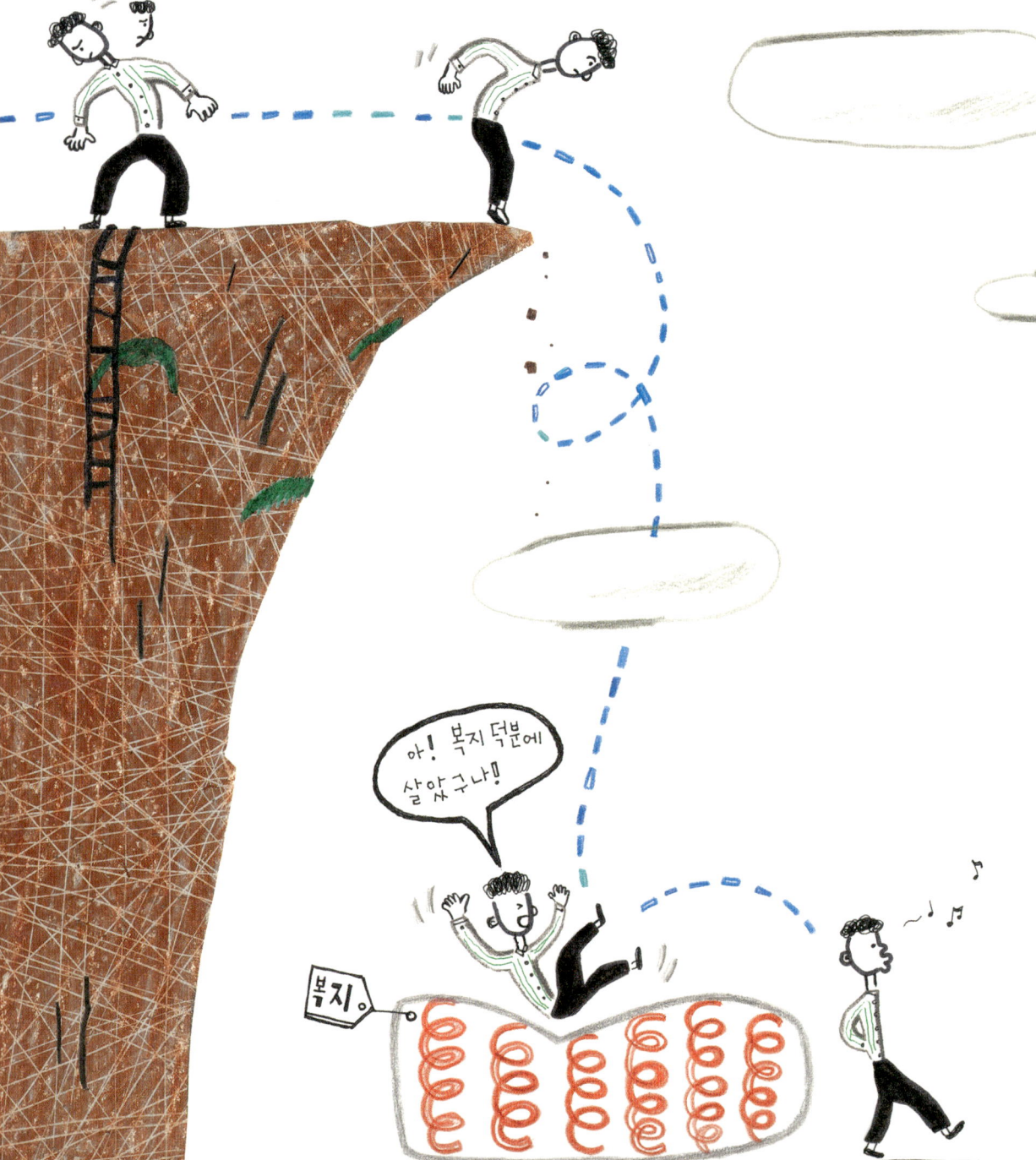

5) 유럽형 복지와 미국형 복지는 어떻게 다를까요?

세금을 걷는 방식과 복지를 제공하는 방식은 나라마다 큰 차이가 있습니다. "요람에서 무덤까지"란 말 들어 본 친구 있나요? 영국 등 유럽에선 한 사람이 태어날 때부터 죽을 때까지 필요한 여러 가지 서비스와 비용을 상당 부분 복지로 보장받는데, 이를 표현하는 말입니다. 주거비나 교육비, 노후 생활비, 의료비 등이 모두 아주 쌉니다. 물론 이런 복지를 보장받으려면 앞에서도 말했듯이 세금이 늘어납니다. 복지 서비스는 세금에서 나오니까요. 복지 제도가 폭넓은 나라들은 대부분 세금을 많이 걷습니다. 정부가 많이 걷어 공공 분야에 많이 쓰는 방식을 택한 것이지요.

반면 미국 같은 나라는 세금을 적게 걷는 대신 복지 영역은 넓지 않습니다. 축구를 하다가 다리가 부러진 영국 아이들은 적은 비용으로 치료를 받을 수 있지만, 미국 아이들은 훨씬 더 많은 병원비를 부담해야 충분히 치료를 받을 수 있습니다.

무엇이 더 효율적이고 바람직한지 딱 잘라 말할 수는 없습니다. 각각의 장단점이 뚜렷하기 때문입니다.

세금을 많이 걷고 그만큼 복지 영역이 넓은 나라는 사람들 사이의 불평등이 적습니다. 하지만 열심히 일한 사람에게나 게으른 사람에게나 돌아오는 이익이 비슷한 만큼 모두 다 같이 나태해질 수도 있습니다. 가끔 뉴스에 나오는 '복지병'이라는 것이지요. 직장을 구하려고 뛰어다니기보다는 실업자에게 주는 복지 급여인 실업 수당을 타면서 풍족하지는 않지만 편하게 살려는 사람도 나타납니다. 열심히 일해서 돈을 많이 벌고 세금 또한 많이 내는 사람은 불만이 쌓일 수 있겠지요.

반대로 세금을 적게 걷고 복지 영역도 좁은 나라는 경쟁이 매우 치열합니다. 모두 열심히 일하려고 하고 돈을 많이 벌려고 합니다. 하지만 경쟁에서 한번 낙오되면 다시 일어나기가 정말 힘들어집니다. 병원에 갈 엄두도 낼 수 없고 학교에 가지 못할 수도 있습니다. 인간으로 누려야 할 최소한의 권리도 누리지 못하게 되지요. 풍족한 사람들은 제트 비행기를 타고 다니지만 그렇지 못한 사람들은 생존 자체를 걱정해야 합니다. 사람들 사이에 삶의 격차가 크게 벌어지는 겁니다.

어떤 형태의 국가를 만들 것인가, 즉 세금을 얼마나 걷고 복지 영역은 어디까지로 정하느냐는 이렇게 참 어려운 문제입니다. 정답은 그 나라 국민들이 어떤 나라를 꿈꾸고 원하는가에 달려 있습니다. 우리나라는 상대적으로 세금은 적게 걷고 복지 영역이 좁은 나라에 속하지만, 점차 세금을 더 내고 복지 영역을 넓히는 쪽으로 바뀌어 가고 있지요. 여러분이 어른이 되었을 때는 또 어떤 변화가 있을까요? 아니, 여러분은 어떤 나라를 꿈꾸나요?

경제 협력 개발 기구(OECD) 가입국의 국내 총생산(GDP) 대비 복지 지출 비중

국내 총생산 대비 복지 지출 비중

국가	비율
프랑스	32.5
스웨덴	28.1
독일	25.9
영국	23.8
일본	22.3
한국	9.3

⟨OECD 평균 21.8⟩

대한민국에서 출산하기 무서워요.

OECD 가입국들이 국내 총생산의 몇 퍼센트(%)를 복지에 사용하는지를 나타낸 표야. OECD 평균은 21.8퍼센트 정도인데, 우리나라는 현재 9.3퍼센트 정도 돼.

*단위: %
*자료 출처: OECD
*국가별 비율은 2012년 기준, OECD 평균은 2011년 기준

3

교육과 의료,
모든 사람이 누려야 하는 당연한 권리

1) 시장은 자원을 효율적으로 분배하는 장치예요

우리는 지금 어디에 살고 있나요? 지구라는 별에서 살고 있습니다. 여기에는 물과 나무, 돌, 금, 석유 등 수많은 '자원'이 있습니다. 자원이 있기에 사람들이 살 수 있지요. 그런데 아쉽게도 자원은 샘이 솟듯 끝없이 솟아나지 않습니다. 언젠가 바닥이 나지요. 우리 후손들도 건강한 지구에서 살도록 하려면 지금 우리가 자원을 낭비하지 말아야 합니다.

"뭐야, 또 절약하자는 이야기야?"

이런 푸념이 들리네요. 하긴 선생님과 부모님이 귀가 따갑도록 절약 정신을 강조하죠? '수돗물 잘 잠가라.', '남기지 말고 먹어라.', '돈을 아껴 써야 한다.' 등. 물론입니다. 절약해야죠. 하지만 여기서 얘기하고자 하는 것은 절약이 아니라 또다시 '시장'입니다.

자원을 오래 쓰려면 효율적으로 사용해야 합니다. 시장은 '가격'이라는 장치를 통해 자원을 효율적으로 쓸 수 있도록 하는 데 도움을 줍니다. 시장은 사려는 사람(수요)과 제공하는 사람(공급)을 가격을 통해 서로 연결해 줍니다.

다시 예를 들어 볼까요? 공책이 필요한 사람은 그렇지 않은 사람보다 공책을 사는 데 더 많은 돈을 쓰려고 합니다. 공책을 만드는 사람은 더 많은 돈을 내려는 사람에게 공책을 팔려고 하겠고요. 공책을 사려는 사람이 내려고 하는 돈과 공책을 팔려고 하는 사람이 받으려고

생각하는 액수가 일치하는 딱 그 지점이 바로 공책의 가격이 됩니다.

만약 공책을 만드는 사람이 터무니없이 비싼 가격을 부른다면 공책이 필요한 사람이라도 '그 돈이면 다른 것을 사겠다.'라며 사지 않을 것입니다. 수요가 줄어드는 것이지요. 수요가 줄어들면, 즉 사려는 사람이 적어지면 공책 가격은 자연히 내려갑니다. 반대로 공책을 사려는 사람이 터무니없이 싸게 사려 한다면 어떻게 될까요? 공책 만드는 사람은 '한 푼도 안 남는다.'라며 공책을 팔지 않고, 수요가 더 줄면 아예 만들지도 않을 것입니다. 이렇게 되면 다시 공급이 줄어 공책 가격이 올라갑니다. 시장은 이런 원리로 움직입니다.

2) 시장은 신이 아니에요

하지만 시장의 원칙이 어울리지 않는 영역도 있습니다. 대표적인 영역이 '국방'과 '치안'입니다. 언뜻 이해가 잘 안 되지요? 그러면 질문을 던져 볼게요. 나라를 지키는 군대를 민간 기업에게 맡긴다면 어떻게 될까요? 민간 기업은 이익을 내는 게 최종 목표인데 말입니다.

시장에서 비싼 값을 받고 싶어 하는 공급자처럼 적군에서 돈을 더 준다고 하면 전쟁을 하다가도 우리 편 군인이 적군으로 넘어가겠지요. 마치 직장을 옮기듯이 말이에요. 나라는 군대가 적군에게 넘어가지 않도록 계속 더 많은 돈을 줘야 하고, 그러다 보면 정작 써야 할 곳에 쓸 수 있는 돈은 남지 않을 것입니다. 이렇게 국방이 제대로 지

커지지 않으면 사람들은 불안해서 살 수가 없지요.

치안도 마찬가지입니다. 경찰이 돈을 많이 주는 사람들만 보호하고 가난한 사람들은 길에서 얻어맞건 도둑질을 당하건 모른 척한다면 그 나라는 어떻게 될까요? 상상만 해도 끔찍합니다.

이처럼 시장이 모든 영역을 다 해결할 수는 없습니다. 오히려 시장에 맡겨 두면 더 위험해지는 영역도 있지요. 이런 영역 중 하나가 '교육'입니다.

여러분은 학교에 가서 많은 것을 배웁니다. 그 배움을 토대로 상급 학교에 진학하고, 공부를 마치고 사회에 나가 직업을 갖습니다. 배우지 않으면 좋은 직업을 갖기 어렵지요. 직업을 가지고 직장에서 월급을 받아야 생활을 유지할 수 있습니다. 더불어 직업을 통해 여러분은 배운 일, 하고 싶은 일을 펼칠 수 있습니다.

만약 배움의 기회가 없다면 어떻게 될까요? 예를 들어 부자만 배울 수 있다면 돈을 벌고 꿈을 펼칠 수 있는 기회도 부자들만 누릴 수 있습니다. 반대로 가난한 사람은 배우지 못하고, 그래서 좋은 직업을 가지지 못해 더 가난해지고, 그 가난은 다시 대대손손 이어지게 되겠지요. 옛날 신분제 사회와 다른 점을 찾기 어려워질 겁니다.

여러 나라에서 배움의 기회를 최대한 모든 이들에게 주기 위해 여러 가지 제도를 운영하고 있습니다. 배움은 안정적인 생활을 유지하고, 꿈을 펼치고, 인간으로서 권리를 누리며 더 잘 살 수 있는 유일한 방법이기도 하니까요. 우리나라에서도 초등학교와 중학교를 의무 교육 대상으로 삼고 있지요.

또 하나, 의료 영역도 마찬가지입니다. 의료 서비스는 삶과 죽음을 가르는 아주 중요한 영역입니다. 가난하다고 해서 병원에 갈 수 없다면 교육이 시장에 맡겨졌을 때와 크게 다르지 않은 사회가 될 겁니다. 돈이 없어 치료를 받지 못해 계속 아프거나 죽게 된다면 사람보다 돈이 더 앞서는, 그야말로 가치가 뒤바뀐 사회가 됩니다. 돈이 없으면 죽을 수도 있다는 불안에 떨며 살아야 하고요. 이런 이유로 우리나라에서는 의료비의 일정 부분을 정부가 부담하는 건강 보험 제도를 운영하고 있습니다.

3) 교육과 의료는 시장 손에만 맡겨 둘 수 없어요

주변을 천천히 돌아봅시다. 어떤가요? 치안과 국방은 아직 그렇지 않지만 교육과 의료 분야에는 시장의 원리가 깊숙이 들어와 있는 것이 보이나요? 학교에서 배우는 시간보다는 학원에서 보내는 시간이 더 많은 친구들이 참 많습니다. 어느 학원이 시험 문제를 잘 찍는다고 하면 그 학원에 등록하려는 학생들이 길게 줄을 섭니다. 그런데 학교와 달리, 학원을 가려면 돈이 필요합니다.

"개천에서 용 난다."라는 말, 한 번쯤은 들어 봤을 거예요. 가난한 집안에서 태어났지만 열심히 공부하고 실력을 갈고닦아서 성공한 사람을 일컫는 속담입니다. 그만큼 그 사회가 기회를 골고루 준다는 뜻이기도 하지요. 하지만 사교육이 넘쳐 나면서 이런 가능성이 줄고 있습니다. 부유한 부모님을 둔 아이들이 수준 높은 사교육을 받고 더 좋은 대학에 들어가고 더 좋은 직업을 갖고 더 많이 벌고 더 여유롭게 살 가능성이 매우 높아졌습니다. 사교육이 팽창하면서 사회는 더욱 불평등해지는 것이지요.

  시장의 원리가 교육에 깊숙이 들어오면서 불평등뿐 아니라 비효율도 늘고 있습니다. 사람이라는 자원이 제대로 활용되지 않고 있는 것이지요. 이를테면 어떤 사람이 본디 재주가 뛰어난데 좋은 교육을 받지 못해서 그 재주를 키울 수 없다면 그것은 이 사회에도 큰 손실을 줍니다.

의료 영역도 비슷합니다. 의료 분야도 시장에 넘겨줘야 한다는 주장이 있습니다. 그래야 병원과 의사들이 더 많은 돈을 벌기 위해 더 열심히 노력해서 의료 기술이 더 발달할 것이라고 합니다. 또 고급 의료 서비스를 통해 더 많은 외화를 벌 수 있다는 주장도 있지요. 하지만 이런 주장은 밝은 면만 지나치게 강조한 것입니다.

병원이 돈벌이에만 급급하면 어떤 일이 벌어질까요? 아무래도 병원은 돈벌이가 되는 일에만 열심이겠지요. 이를테면 부자들을 위한 생명 연장 기술 개발에만 더 많은 노력을 쏟는다든지 하는 것입니다. 반면 부자가 아닌 대다수의 사람들에게 실질적으로 많이 필요한 질 좋은 감기약 개발에는 아무래도 돈을 적게 쓸 테지요. 그래서 간단한 치료를 받는 데 값비싼 비용을 치러야 하는 일이 생기기도 합니다.

다시 처음으로 돌아가 봅시다. 국방이나 치안, 교육이나 의료는 그 자체가 반드시 있어야 하는 서비스입니다. 반드시 있어야 된다는 것은 모든 사람이 인간으로서 누릴 수 있어야 하는 당연한 권리라는 뜻이기도 하고, 그것을 누릴 수 없다면 삶 자체를 온전히 유지하기 힘들다는 의미이기도 합니다. 이렇게 인간이 인간다운 삶을 유지하는 데 꼭 필요한 몇몇 영역은 돈벌이가 목적인 시장의 손에 맡겨 두지 않는 게 바람직하지 않을까요?

경제 협력 개발 기구 가입국의 공공 의료 비중

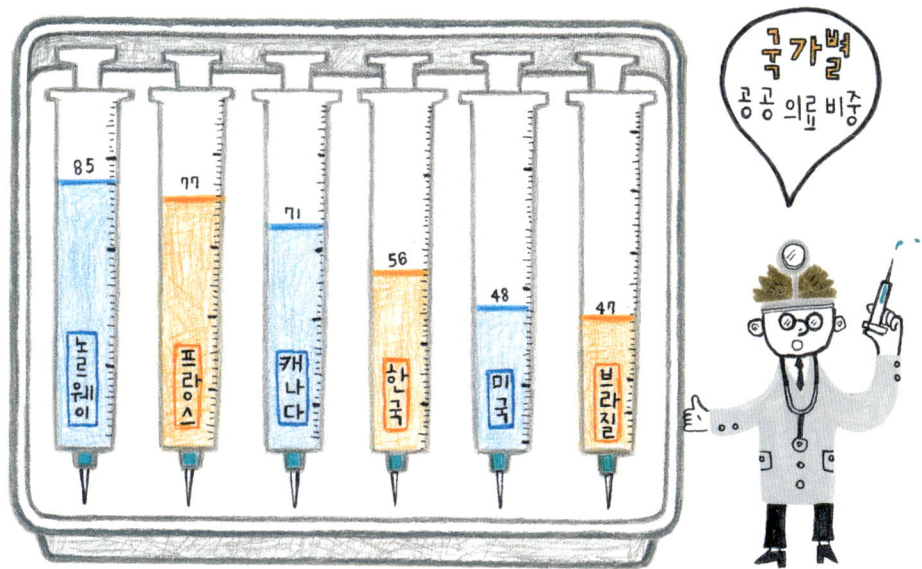

국가별 공공 의료 비중

노르웨이 85
프랑스 77
캐나다 71
한국 56
미국 48
브라질 47

OECD 가입국들이 공공 의료에 얼마나 많은 예산을 사용하는지를 나타낸 표야.
어떤 나라가 의료 복지에 좀 더 많은 예산을 지출하는지 알 수 있어.

*단위: %
*자료 출처: 통계청, OECD
*2010년 기준

4

기업,
지역 사회 및 국가와
공생하는 일터

1) 기업이란 무엇인가요?

여러분 부모님들 대부분 기업에 다니고 있거나 아니면 기업을 운영하고 있습니다.

"우리 아빠는 장사하시는데요." 하고 말하는 친구도 있을 겁니다. 그런데 장사도 조그마한 기업을 직접 운영하는 일입니다.

기업의 형태는 매우 다양합니다. 주인이 누구냐에 따라 공기업과 사기업으로 나뉘기도 하고, 규모에 따라 대기업과 중소기업으로 분류되기도 합니다.

기업을 조금 쉽게 풀어 쓰면 '돈벌이를 목표로 하는 일터'입니다. 주민 센터나 구청, 시청처럼 돈벌이를 목적으로 하지 않는 공공 기관도 물론 있지만, 일터의 가장 많은 부분을 차지하는 형태가 실제로 기업입니다. 부모님은 기업에서 일을 하고 봉급을 받습니다. 그 봉급으로 생활에 필요한 물건을 사고 집세도 내고 여러분에게 용돈도 줍니다. 일터가 없으면 수입이 없고, 결국 이러한 '경제 활동'을 할 수 없습니다. 이처럼 기업은 경제의 중요한 한 축을 차지하고 있습니다.

그러한 까닭에 기업이 어떤 모습을 갖느냐에 따라 경제 전체의 모습도 달라집니다. 기업이 사회와 관계를 맺는 방식에 따라 우리 삶도 달라지지요. 무슨 말이냐고요? 이제 그 의미를 차근차근 알아봅시다.

2) 기업은 왜 있는 걸까요?

기업에서는 무언가를 만듭니다. 여러분이 사용하고 있는 공책이나 연필, 볼펜 모두 기업에서 만드는 물건들이지요. 또 눈에 보이지 않는 것도 만듭니다. 여행 상품이나 지식 상품 같은 게 그런 종류이지요. 기업은 쓸모 있는 무언가를 만들어 우리 사회에 내놓습니다.

그런데 기업이 물건을 공짜로 내놓지는 않습니다. 일정한 가격을 매겨서 팔지요. 돈을 벌기 위해 물건을 만들어 내놓는 거예요. 아무리 쓸모 있는 것이라 하더라도 수지 타산이 맞지 않으면 만들지 않습니다. 기업이 존재하는 최종 목적은 '돈벌이', 즉 이윤 추구이기 때문입니다.

적정한 이윤을 내는 것은 기업이 살아남는 데 반드시 필요합니다. 이윤은 좋은 상품을 만들기 위해 기업주와 노동자가 함께 땀 흘린 보상입니다. 그 보상이 충분하지 않으면 누구도 좋은 상품을 만들려고 하지 않을 것입니다. 좋은 상품을 만드는 기업이 없다면 그 피해는 우리 모두에게 고스란히 돌아옵니다. 필요한 물건을 살 수 없게 되니까요.

반대로 기업이 이윤을 지나치게 많이 가져가면 어떨까요? 물론 기업주나 그 기업에서 일하는 직원에게는 좋은 일일 수 있습니다. 더 많은 돈을 집에 가져갈 수 있으니까요. 하지만 조금만 더 눈을 크게 뜨고 바라보면 그리 바람직한 일은 아닙니다. 예를 들어 볼까요?

일정 용돈을 정기적으로 받는 친구들이 많을 것입니다. 그런데 어느 날 갑자기 공책값이 갑절 비싸진다면 어떻게 될까요? 여러분은 많은 돈을 주고 공책을 사야 되고 그 대가로 다른 물건은 살 수 없습니다. 용돈은 한정되어 있으니까요. 마찬가지로 공책을 만드는 기업

은 돈을 벌지만, 다른 물건을 만드는 기업은 물건이 팔리지 않으므로 이 기업에 다니는 노동자나 이 기업을 운영하는 기업주는 적절한 보상을 받을 수 없게 됩니다.

지나치게 이윤을 많이 가져가는 경우는 주로 독점이나 과점 때문에 발생합니다. 조금 어려운 말이지요? 사람들에게 꼭 필요한 특정한 물건을 만드는 기업이 한 곳뿐일 때는 '독점'이라고 하고, 서너 개가 되면 '과점'이라고 부릅니다. 독점이나 과점일 때는 기업들이 가격을 마음껏 올릴 수가 있습니다. 특히 만드는 물건이 사람들에게 꼭 필요한 물건이라면 더 그렇지요. 여러분에게 꼭 필요한 공책을 만드는 기업이 우리나라에 하나뿐이라면 여러분은 아무리 공책값이 비싸도 울며 겨자 먹기로 살 수밖에 없겠지요. 그래서 소비자를 보호하고 공정한 경쟁을 통해 적정한 가격을 유지하기 위해 정부가 독점과 과점을 법으로 규제하고 있습니다.

3) 공기업, 사기업, 사회적 기업이 있어요

우리 경제의 주축이 되는 기업은 여러 기준에 따라 다양한 종류가 있습니다. 추구하는 가치나 목적도 기업을 나누는 기준 중 하나입니

다. 공기업과 사기업은 이런 기준에 따라 기업을 분류한 겁니다. 흔히 공기업과 사기업은 소유자가 누구인가에 따라 구분된다고 알고 있습니다. 맞아요. 기업의 소유자를 다른 말로 '주주(株主)'라고 부르는데, 공기업의 주주는 대체로 정부가 다수를 차지하고 있습니다. 반면 사기업은 정부가 아닌 개인이나 또 다른 사기업들이 주주의 중심을 이루고 있지요.

그러면 여기서 의문이 생깁니다. '왜 정부가 기업을 운영할까?', '정부가 운영하는 기업은 어떤 일을 할까?'입니다. 이 의문을 푸는 가장 손쉬운 방법은 공기업이 만들어 내는 물건을 알아보는 겁니다.

먼저, 우리 주변에서 쉽게 접할 수 있는 공기업에는 어떤 것들이 있나요? 한국가스공사, 철도 공사인 코레일, 한국도로공사 등이 있습니다. 한국은행 같은 금융 공기업도 있고요. 이제 좀 감이 잡히지요? 그렇습니다. 공기업이 만들어 내는 물건은 국민 모두가 꼭 사용할 수밖에 없는 제품 또는 서비스입니다. 이를 '필수재'라고 하지요. 가스나 전기, 철도, 도로는 일상생활을 하는 데 꼭 필요한 것들입니다. 가스가 있어야 집에서 음식을 만들어 먹을 수 있고, 전기가 들어와야

생활이 가능하지요. 철도와 도로가 있어야 어디든 다닐 수 있습니다.

반면 사기업은 어떤 물건을 만드나요? 자동차, 휴대 전화, 아파트, 컴퓨터와 같은 제품을 만듭니다. 없으면 좀 불편하겠지만 그렇다고 생활 자체가 불가능한 것은 아닌 제품이나 서비스이죠.

공기업과 사기업은 운영 방식도 다릅니다. 기업이다 보니 이윤 추

구가 중요한 목적이긴 합니다만 그 정도가 다르지요. 공기업은 돈을 버는 것도 목적이지만 동시에 생활에 꼭 필요한 필수재를 공급하는 것도 중요한 목적입니다. 달리 말해 경우에 따라 손해를 보더라도 제품이나 서비스를 판다는 것이지요. 예를 들어 기차는 그다지 승객이 많지 않아서 손해를 보더라도 산골까지 달립니다. 사람이 얼마 살지 않는 외딴섬에도 전화, 전기, 가스가 들어가지요. 반면 이윤을 가장 앞세우는 사기업은 손해 보는 장사를 절대 하지 않습니다. '손해 보는 장사를 하느냐, 하지 않느냐?'가 바로 공기업과 사기업을 가르는 중요한 잣대 중 하나라고 할 수 있습니다.

그렇다면 공기업을 민영화해야 한다는 주장은 어떻게 봐야 할까요? 일단 민영화란 공기업을 민간에 판다는 뜻인데, 공기업이 하던 일을 사기업에 맡긴다는 의미입니다. 민영화를 주장하는 쪽에서는 공기업이 사기업에 비해 안이하게 경영하고 있고, 이 때문에 손해가 더 난다는 근거를 제시합니다. 손해가 막대하게 늘어나면 결국 정부가 국민들에게 걷은 세금으로 공기업의 손해를 메워야 합니다. 그러니 그 피해가 국민한테 돌아간다는 주장입니다.

이런 주장은 1980년대부터 지금까지 지속적으로 나오고 있습니다. 그에 따라 많은 공기업이 사기업으로 옷을 갈아입기도 했어요. 실제 이러한 민영화 덕택에 일부 공기업이 좀 더 질 좋은 서비스를 제공할 만큼 체질 개선이 되기도 했지만, 국민들이 값비싼 비용을 치르는 일도 적지 않았습니다. 영국에서는 철도를 민영화했다가 대량 참사가 발생했고, 미국에서는 전기를 민영화했다가 일부 지역에서 대규모 정전 사태가 발생하기도 했지요. 눈앞의 돈을 버는 데 그다지 도움 되지 않는다고 안전 점검을 소홀히 했거나 인력과 투자를 줄인 대가였지요.

좀 더 깊이 생각해 보면 손해 보는 장사를 할 수밖에 없는 공기업에 돈을 많이 벌도록 요구하는 것은 앞뒤가 맞지 않는 게 아닐까요? 물론 똑같은 서비스를 제공하더라도 좀 더 효율적으로 운영되어야 하지만, 그렇다고 해서 공기업을 사기업으로 변모시키는 건 여러 부작용을 낳을 수 있다는 것을 실제로 경험하고 있는 거지요.

끝으로 사회적 기업도 있습니다. 그 수가 많지는 않지만 종종 뉴스에서 접해 본 표현일 겁니다. 사회적 기업은 돈을 쫓는 영리 기업과 돈과는 무관하게 움직이는 비영리 기업의 중간쯤 되는 기업 형태라고 이해할 수 있습니다. 돈을 버는 목적도 있는 동시에 사회적 의미도 찾는 기업이라고 할 수 있을 텐데요, 구체적인 형태는 매우 다양합니다.

이를테면 사회적으로 소외되어 있는 장애인들을 주로 고용해서 운영해 나가는 기업도 사회적 기업의 한 형태이고요, 친환경 제품만 만드는 기업 중에도 사회적 기업이 있습니다. 다만 사회적 기업인지 아닌지 여부는 정부가 판단을 하지요. 사회적 기업으로 인정을 받게 되면 세금을 덜 내고 보조금도 지원받을 수 있습니다.

4) 기업의 주인은 누구일까요?

 그러면 기업의 주인이 누구인지에 대해서도 생각해 봅시다. 공기업의 주인은 정부이고, 달리 말하면 전 국민입니다. 아주 쉽죠. 생각할 거리가 많은 것은 사기업의 주인입니다. 여러분은 기업의 주인으로 '회장', '사장'이라 불리는 사람을 먼저 떠올릴 것 같네요. 기업의 주인은 일차적으로 기업을 만든 사람들, 혹은 만드는 데 참여한 사람들입니다. 앞에서도 설명했듯이 이러한 사람들을 '주주'라고 부르지요. 주주는 기업 설립에 필요한 돈을 댄 사람들이에요. 돈이 있어야 기업을 시작할 수 있으니 일차적인 주인입니다. 그리고 여러분이 생각하는 회장도 주주라면 주인이라고 할 수 있겠지요.

 가끔 회장 본인이 갖고 있는 지분(전체 주식에서 본인이 갖고 있는 주식 비중)보다 더 많은 영향력을 행사해서 문제가 생기기도 합니다. 여러분이 삼성그룹 주인은 이건희 회장이고, 현대자동차그룹의 주인은 정몽구 회장이라고 '착각'하는 것도 유난히 우리나라에 이런 잘못된 인식이 넓게 퍼져 있기 때문입니다.

 그런데 기업의 주인이 주주나 회장만은 아닙니다. 어떤 사람들은 기업에서 일하는 노동자도 주인이라고 생각합니다. 기업이 정상적으로 운영되는 데 노동자의 역할이 크기 때문이지요. 좀 더 넓게 보면 지역 사회나 더 넓게는 나라가 주인이기도 합니다. 기업 활동이 지역 사회나 나라 경제에 많은 영향을 주기 때문입니다. 예컨대 한 기업이 오염된 물을 강에 마구 내다 버렸다고 할 때 그 피해는 지역 주민에게 고스란히 돌아갑니다. 이런 일을 막기 위해서는 지역 주민들도 기업의 의사 결정에 참여하거나 영향력을 행사할 필요가 있습니다.

물론 지역 사회나 노동자들이 법적으로는 기업의 주인이 아닙니다.

다만 분명한 것은 과거에는 주주나 회장만이 기업의 주요한 문제에 결정을 내릴 수 있다고 여겼다면, 점차 노동자나 지역 사회 등도 이에 참여하는 게 정당하다고 받아들여지고 있다는 겁니다.

한 발 더 나아가 기업은 지역 사회, 국가 덕택에 발전할 수 있습니다. 아무리 효율적이고 유능한 직원들이 일한다고 해서 기업이 이익을 많이 낼 수 있는 것은 아니지요. 기업 활동을 자유롭게 할 수 있는 제도가 갖추어져야 하고, 기업을 적대시하지 않는 사회 분위기가 만들어져야 합니다. 그런 점에서 기업은 지역 사회, 나아가 국가와 공생하는 존재입니다. 기업이 사회에 일정 부분 책임을 져야 하는 이유이지요.

5

윤리적 소비,
소비자가 바꾸는 세상

1) 어떤 기준으로 물건을 고르나요?

문방구나 서점에 가면 학용품과 책이 즐비하게 진열되어 있습니다. 무엇을 골라야 할지 결정할 수 없을 정도이지요. 이럴 때 여러분은 어떤 기준으로 학용품과 책을 고르나요? 일단 쓸모를 보겠죠? 아무리 예쁘게 꾸며 놓았더라도 정작 사용하기 불편하다면 좋은 물건이 아니니까요. 물론 화려한 장식에 마음이 끌리는 친구도 있을 거예요. 하지만 언제든지 지우고 다시 쓸 수 있는 연필이 필요한 친구가 지울 수 없는 볼펜을 사는 일은 매우 드물 겁니다. 또한 가격도 물건을 선택하는 중요한 기준이 됩니다. 아무리 기능이 뛰어나더라도 가격이 너무 비싸면 눈길을 돌릴 수밖에 없겠지요. 이렇게 쓸모와 가격을 보고 모두 적당하면 그다음은 디자인을 보게 됩니다. 어떤 친구들은 아기자기한 그림이 많이 들어간 물건에 끌릴 수도 있고, 또 어떤 친구들은 단순하고 깔끔한 디자인을 더 마음에 들어 할 수도 있습니다.

그렇습니다. 여러분이 물건을 살 때 떠올리는 기준은 어른들이 물건을 살 때 고려하는 기준과 큰 차이가 없습니다. 쓸모, 가격, 디자인 등을 보지요. 그런데 현명한 소비자는 여기에 한 가지 기준을 더한답니다. '윤리'라는 것입니다. 갑자기 고리타분하게 느껴지나요? 물건을 살 때 무슨 윤리냐고요? 전혀 고리타분하지 않습니다. 오히려 예전에는 생각하지 못했던 부분을 새롭게 생각하게 해 주는 긍정적인 인식입니다. 그럼 왜 소비에 윤리가 중요한지 알아봅시다.

힌트! "소비자가 세상을 바꿉니다!"라는 광고 문구도 있듯이 우리의 소비 방식에 따라 장기적으로 우리 세상이 달라질 수 있답니다.

2) 윤리적 소비란 무엇일까요?

여러분, 혹시 공책이나 연필, 지우개, 물감 등을 고를 때 이 물건들이 어떻게 만들어져서 내 손에 들어왔는지 궁금했던 적 있나요?

"연필 하나 사는데 그런 거 따져서 뭐해요?"

그럴 수도 있어요. 연필 따위 하나 사면서 너무 고민을 많이 하는 건 비효율적일 수 있어요. 하지만 한 번쯤 이 물건이 어떻게 만들어졌는지를 따져 보는 게 윤리적 소비의 첫걸음입니다. 우리도 한번 해 볼까요?

여러분, 아이폰 모르는 친구 없지요? 아마 이미 갖고 있는 친구도 여럿 있을 겁니다. 아이폰은 미국에 있는 '애플'이라는 회사에서 만들었고, 이 회사의 대표는 스티브 잡스라는 사람이었습니다. 그가 개발한 아이폰은 정말 세상을 변화시켰죠. 우리는 아이폰 덕분에 휴대 전화로 인터넷 검색을 하고 손쉽게 애니메이션을 봅니다. 친구들과 무료로 카톡을 하고 노래를 다운로드해 듣기도 하고요. 예전에는 상상도 할 수 없었던 큰 변화입니다. 그래서 사람들은 스티브 잡스를 '위대한 발명가'라고 부르기도 하고 '천재'라고 하기도 합니다.

그런데 이 위대한 발명가 스티브 잡스도 풀지 못한 어려운 과제가 있었습니다. 한 소비자가 스티브 잡스에게 보낸 이메일이 발단이 되었습니다. 이메일 내용은 이러합니다.

"잡스, 당신은 아이폰에 콩고에서 생산한 광물을 사용했나요?"

무슨 소리냐고요? 아이폰과 같은 스마트폰에는 수많은 부품이 들어가는데, 그 부품 중 콩고에서 생산한 광물로 만들어진 것이 있냐는 물음이에요. 이 소비자가 콕 집어 '콩고'를 물어본 이유는 바로 콩고에서 이 광물 때문에 오랫동안 전쟁이 벌어졌기 때문입니다. 이 광물이 콩고의 주된 수입원이다 보니 서로 광산을 차지하겠다고 전쟁을 벌였고, 그 과정에서 여러분 같은 어린이들까지도 수없이 목숨을 잃었거든요.

이 소비자의 질문을 다시 풀이하면, 훌륭한 발명품인 아이폰에 혹시 '어린이들의 안타까운 죽음을 불러온 광물이 들어 있는 것 아니냐?'라는 거예요. 그렇다면 아무리 뛰어나고 편리한 아이폰이라 하더라도 살 수 없다는, 사서는 안 된다는 주장이 숨어 있는 것이지요.

　윤리적 소비가 무엇인지, 또 왜 필요한지 조금 감이 오나요? 아이폰을 요리조리 사용하면서 즐거움을 얻을 수도 있지만, 그 즐거움 이면에 지구 저편에 사는 또래의 고통이 숨어 있다는 사실을 알게 된다면 여러분은 어떤 선택을 할까요?

　또 다른 얘기를 한번 해 볼게요. 여러분은 가끔 엄마, 아빠를 따라 대형 할인점에 갈 겁니다. 그러면 대형 할인점 직원인 아주머니나 아저씨, 누나나 언니들이 반겨 줍니다. "파워레인저 로봇 어디 있어요?"라고 물어보면 친절하게 웃음 지으며 장난감 코너를 알려 줍니다. 구경만 하고 물건을 사지 않더라도 나무라지 않습니다. 여러분은 이 할인점이 참 친절하다고 생각할 겁니다. 고객에게 친절한 할인점은 분명 좋은 할인점입니다. "손님이 왕"이라는 말도 있잖아요.

그런데 항상 웃는 얼굴로 여러분을 맞이하는 할인점 종업원의 하루 생활은 어떨까요? 하루 종일 서 있자면 다리도 퉁퉁 부을 테고, 고객에게 웃으며 친절하게 대하는지 아닌지 지켜보는 윗사람의 눈초리도 신경 써야 합니다. 부당하게 떼를 쓰는 고객에게도 웃음을 보여야 하고, 또 가끔은 판매 물건을 빼돌린 거 아니냐는 의심을 받을 수도 있습니다. 휴식 시간도 거의 없지요. 그러니 여러분에게 항상 보여 주는 웃음은 어쩌면 고통이 숨겨진 웃음일 수도 있습니다. 이런 사실을 알게 되면 여러분은 할인점 가서 물건을 살 때 물건 파는 사람의 노동 환경에 대해 한 번쯤 고민해 볼 수 있습니다.

이처럼 제품이 만들어지는 과정, 팔리는 환경 등을 따져 보는 것이 윤리적 소비의 첫걸음입니다. 가격이나 디자인, 성능 등 눈에 보이는 가치 너머의 또 다른 사실에 관심을 가지고 살펴보는 것은 쉽지 않겠지만 아주 중요한 일입니다. 왜냐고요? 그 이유를 알아봅시다.

3) 왜 윤리적 소비를 해야 할까요?

많은 소비자가 물건을 만들고 파는 과정에 관심을 갖고 지켜본다면 어떤 일이 벌어질까요? 물건을 사는 소비자가 이러한 이면까지 신경 쓴다면 물건을 만드는 기업 또한 최종 완제품의 가격과 품질뿐만 아니라 생산 과정이 공정하고 바람직했는지에 좀 더 신경 쓰게 되지 않을까요? 그렇게 하지 않으면 물건을 사는 소비자가 물건 만드는 과정이 올바르지 않다고 생각해서 그 물건을 사지 않을 수도 있고, 기업 평판도 나빠져서 판매에 심각한 영향을 주어 돈을 벌 수 없게 될 테니까요. 값싸고 질 좋은 제품을 만드는 데 들이는 노력만큼이나 생산 과정이나 생산에 필요한 자원, 판매 과정과 환경까지 좀 더 공정하고 올바르게 관리된다면 노동자, 판매자, 소비자 등 우리 모두가 함께 사는 세상이 좀 더 밝아지겠지요.

참 어려운 일 같지만 이미 우리가 사는 세상은 이렇게 바뀌어 가고 있습니다.

상상이 되나요? 불과 20~30년 전만 해도 많은 기업이 오염된 물을 강이나 바다에 덮어놓고 내다 버렸습니다. 누구도 막지 않았어요. 그게 나쁘다고 생각한 사람도 적었고요. 오염된 물을 제대로 정화해 처리하려면 비용이 드니 그 비용을 줄이고, 대신 더 질 좋고 싼 물건을 만들어 파는 게 훨씬 중요하다고 생각했거든요.

소비자들도 마찬가지였어요. 더 좋은 물건을 싸게만 살 수 있다면 기업이 오염된 물을 강에 버리든 바다에 버리든 무슨 상관이냐 했지요. 그때만 해도 오늘날처럼 환경을 중요하게 생각하지 않았으니까요.

그런데 내다 버린 오염된 물 탓에 강도 오염되어 물고기가 죽고, 강 주변 주민들마저 이름 모를 병에 걸리면서 사람들이 환경에 관심을

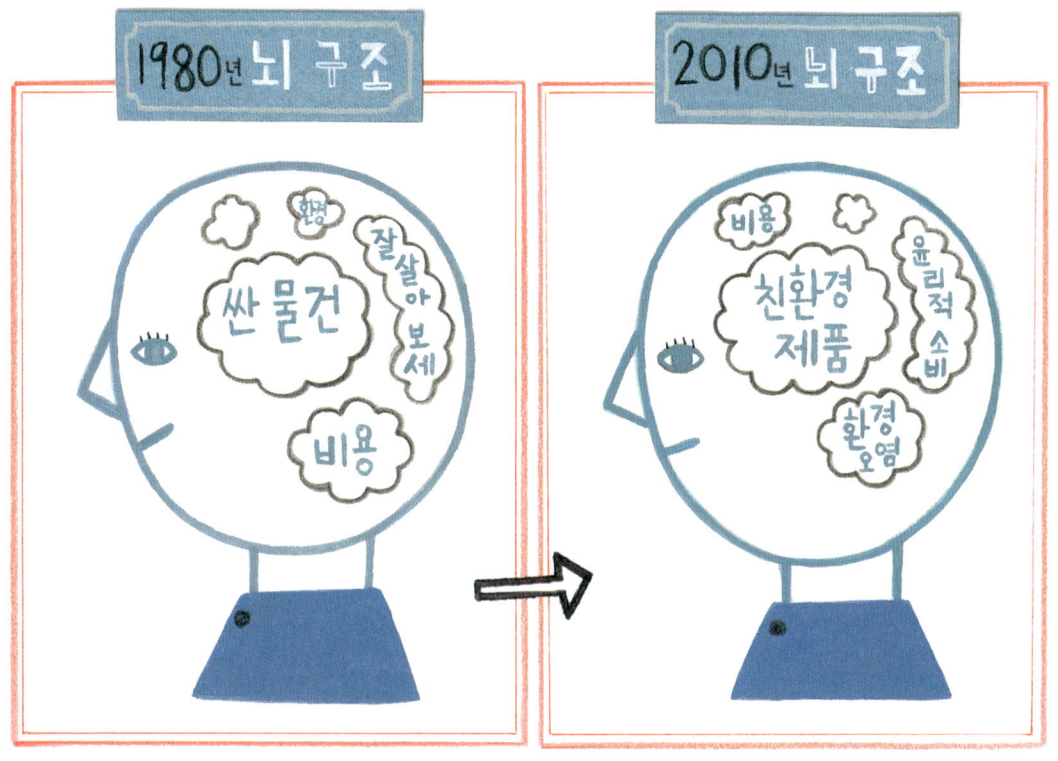

갖기 시작했습니다. 소비자들이 점점 오염된 물을 강에 마구 버리는 기업의 물건은 사지 말아야 한다고 생각하면서 오염된 물을 버리던 기업들이 설 땅은 점차 좁아졌습니다. 이렇게 사람들의 인식이 바뀌면서 강도 조금씩 깨끗해질 수 있었습니다.

이처럼 무엇이 변화하는 데 가장 중요한 것은 법도 제도도 아니고, 사람들의 인식이 바뀌는 것입니다. 이보다 더 큰 힘은 없지요. 물론 요즘에도 눈에 보이지 않게 오염된 물을 버리는 공장이 있기는 하지만 대부분 오염된 물을 걸러 내는 정화 시설을 갖추고 있습니다. 이 시설에 들어가는 비용이 부담스러울 수 있지만 이제는 당연한 비용으로 생각하는 것이지요. 소비자도 마찬가지입니다. 오염된 물 처리 비용으로 제품 가격이 다소 올라가더라도 이를 감수하지요. 요즘에는 가격이 조금 더 비싸더라도 친환경 제품이라고 내걸면 더 잘 팔리는 사회로까지 나아갔죠.

 소비자가 여기저기 뿔뿔이 흩어져 있긴 하지만 이들 하나하나가 모두 윤리적 소비를 한다면 기업인은 물론 기업에서 일하는 엄마, 아빠인 노동자들까지 조금 더 나은 환경에서 일할 수 있겠지요. 또 우리 산과 바다, 강 등 자연이 깨끗하게 유지될 것이고요. 이제 연필 하나를 살 때도 쓸모, 가격과 함께 보이지 않는 영역에 관심을 갖는 것으로 윤리적 소비의 첫발을 내디뎌 보아요.

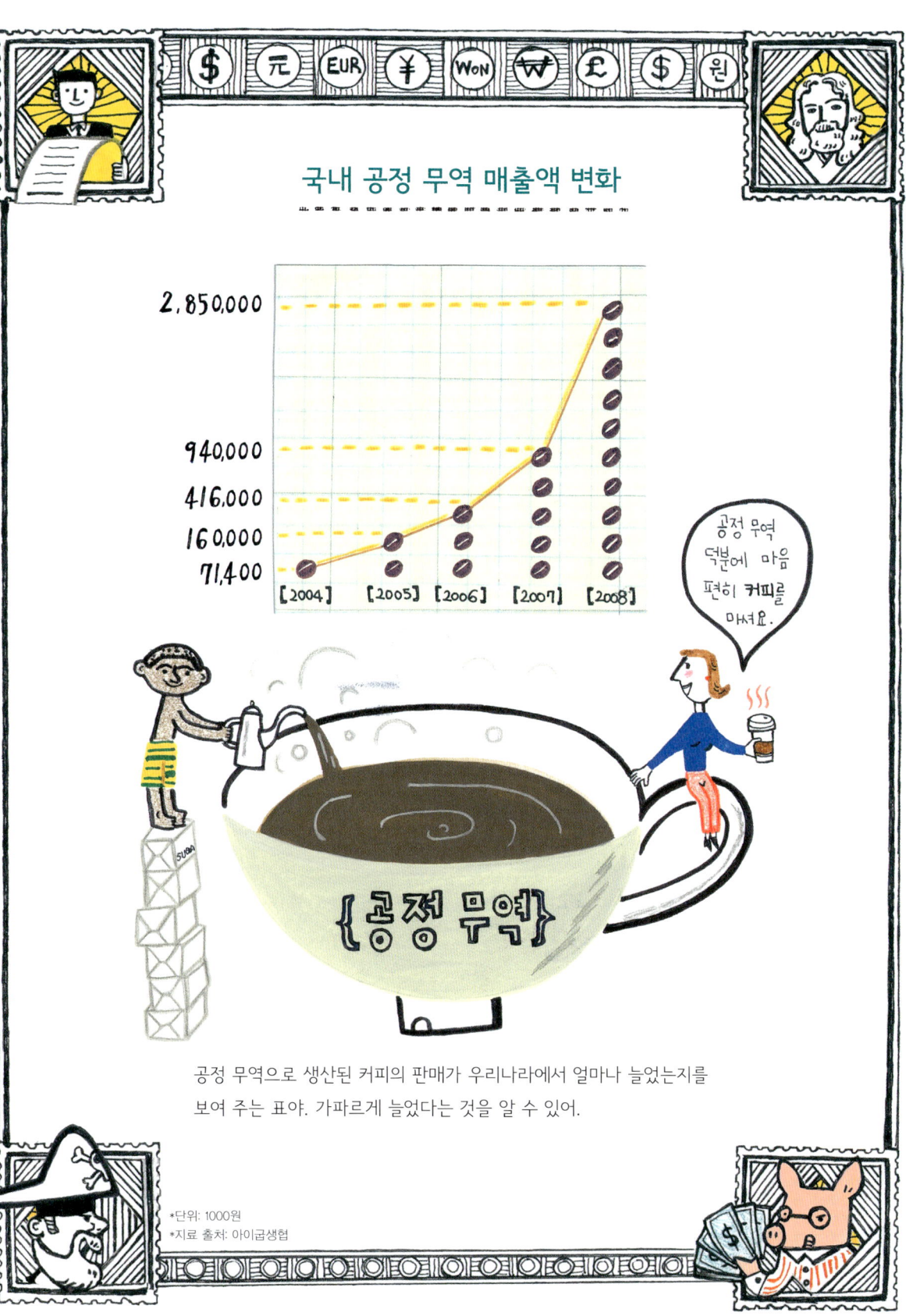

6

금융,
경제의 운명을 좌우하는 혈맥

1) 왜 은행에 돈을 맡길까요?

　여러분은 용돈을 받으면 무엇을 하나요? 맛있는 간식을 사 먹고 필요한 물건도 삽니다. 친구들과 돈을 모아 놀러 갈 수도 있겠네요. 용돈 중 일부를 저축하러 은행에 가는 친구도 있을 겁니다. 이런 친구들은 조금씩 저축해서 큰돈을 만들어 나중에 유용하게 쓸 요량이겠지요. 그런데 궁금하지 않나요? 돈을 모으기 위해 굳이 은행을 이용할 필요가 있을까요? 엄마한테 맡겨도 되잖아요.

　은행에 저축을 하면 엄마한테 맡기는 것보다 좋은 점 두 가지를 꼽을 수 있습니다. 먼저, 잃어버릴 염려가 없습니다. 엄마한테 맡겨 두거나 책상 서랍에 넣어 두면 잃어버릴 수도 있지요. 그럴 일은 많지

않겠지만, 가끔은 엄마가 맡아 둔 돈을 생활비에 쓰실 수도 있습니다. 하지만 은행은 우리의 돈을 안전하게 보관해 줍니다. 또 은행은 맡은 돈에 한 달에 한 번씩 이자도 붙여 줍니다. 통장이 있다면 한번 확인해 보세요. 얼마 되지는 않지만 몇십 원, 몇백 원이라도 불어나 있을 겁니다. 이자는 맡긴 액수가 클수록, 맡긴 기간이 길수록 커집니다.

은행이 돈을 맡아 주면서 이자까지 주는 이유는 뭘까요? 왠지 돈을 맡아 줬으니 보관료를 받아야 할 것 같은데 오히려 돈을 얹어 준다니 이렇게 고마울 데가 있을까요? 하지만 은행에 대해 좀 더 알게 되면 무작정 고마워할 일만은 아닙니다.

2) 은행은 무슨 일을 하는 곳일까요?

은행은 고객이 맡긴 돈으로 돈을 버는 회사입니다. 은행은 돈을 맡아 주기도 하지만 돈을 빌려주기도 하지요. 은행은 누군가 맡긴 돈을 다른 곳에 빌려주고 그 대가로 이자를 받습니다.

여러분이 용돈을 맡긴 대가로 받는 이자도 이렇게 나오는 겁니다. 은행은 여러분이 맡긴 돈을 누군가에게 빌려주고 그 대가로 받은 이자에서 일부는 은행이 갖고 나머지는 여러분에게 떼어 줍니다. 받은 이자와 준 이자의 차액이 은행 호주머니로 들어가는 것이지요.

이처럼 누군가에게 돈을 받아서 다른 누구에게 빌려주는 일을 조금 어려운 말로 '자금 중개'라고 합니다. 돈이 있는 사람과 없는 사람을 연결해 준다는 뜻이지요. 은행은 자금 중개를 전문으로 하는 금융 회사이고, 이를 통해 돈을 버는 기업입니다.

  자금 중개는 은행이 돈을 버는 방법이기도 하지만 경제 전체를 돌아가게 하는 수단이기도 합니다. 흔히 은행을 '경제의 혈맥'이라고 해요. 사람 몸에 피가 잘 돌지 않으면 병이 들거나 심지어는 죽을 수도 있는 것처럼 은행이 제 기능을 하지 못하면 경제가 흔들리거나 무너질 수도 있기 때문에 이런 별명이 붙은 겁니다. 조금 더 알아볼까요?

  은행은 여러분 같은 개인을 상대하기도 하지만 실제로 주된 고객은

기업입니다. 기업은 가지고 있는 돈으로 사업을 하기도 하지만 은행에서 돈을 빌려서 사업을 하는 경우도 많습니다. 빌린 돈으로 공장을 짓고 물건도 만들지요. 또 일자리도 늘립니다. 만약 은행이 제 기능을 하지 못하면 기업은 돈 빌릴 곳이 없으니 제대로 사업을 할 수 없습니다. 어찌 보면 기업의 생사를 은행이 쥐고 있다고 할 수 있겠네요.

기업뿐이 아닙니다. 가정도 마찬가지입니다. 여러분 부모님도 은행에서 돈을 빌려 집을 얻습니다. 돈이 많아서 가진 돈만으로 집을 얻을 수 있다면 참 좋겠지만 그런 경우는 드물지요. 여러분에게 안락한

보금자리를 주기 위해서는 얼마간 은행에서 돈을 빌려야 합니다. 은행이 없다면 여러분도 지금 같은 보금자리에서 지내기 힘들 수 있습니다. 이제 은행의 기능과 중요성이 이해되지요?

눈치가 빠른 친구라면 은행의 또 다른 기능도 쉽게 떠올릴 수 있을 겁니다. 은행은 돈을 빌려주는 곳이니 은행이 어디에 돈을 빌려주느냐에 따라 경제의 모습도 달라집니다. 예컨대 조선소에 돈을 집중적으로 빌려준다면 조선업이 발전할 겁니다. 또 휴대 전화 만드는 기업에 돈을 많이 빌려주면 전자 산업이, 학원에 돈을 빌려주면 사교육 시장이 번성할 겁니다. 마찬가지로 집을 사려는 사람에게 돈을 많이 빌려주면 주택 가격이 오르겠지요. 물론 많이 빌려준다고 해서 꼭 그 기업이나 산업이 발전하는 것은 아니지만 발전을 위한 토대를 마련할 수 있는 것은 틀림없습니다. 은행의 이러한 역할을 '자원 배분 기능'이라고 합니다.

3) 금융 위기는 줄줄이 사탕처럼 얽혀 있어요

금융 위기는 바로 은행과 같은 금융 회사가 제 기능을 하지 못할 때 생깁니다. 은행이 갑자기 큰 손실을 입게 돼 맡은 돈을 안전하게 보관하지 못했다거나 제때 돌려주지 못하는 경우가 그렇습니다. 금융 위기는 여러분이 평생을 사는 동안 대개 두세 번 정도는 일어납니다. 물론 우리나라에서 일어날 수도 있고 다른 나라에서 생길 수도 있습니다.

혹시 들어 봤나요? 여러분이 태어나기 전인 1997년에 우리나라는 국제 통화 기금 금융 위기를 겪은 적이 있습니다. 흔히 '아이엠에프(IMF) 위기'라고 불렀지요. 수많은 사람들이 일자리를 잃고 거리로 나왔고 많은 기업이 파산했습니다. 결국 국민들이 낸 세금으로 금융

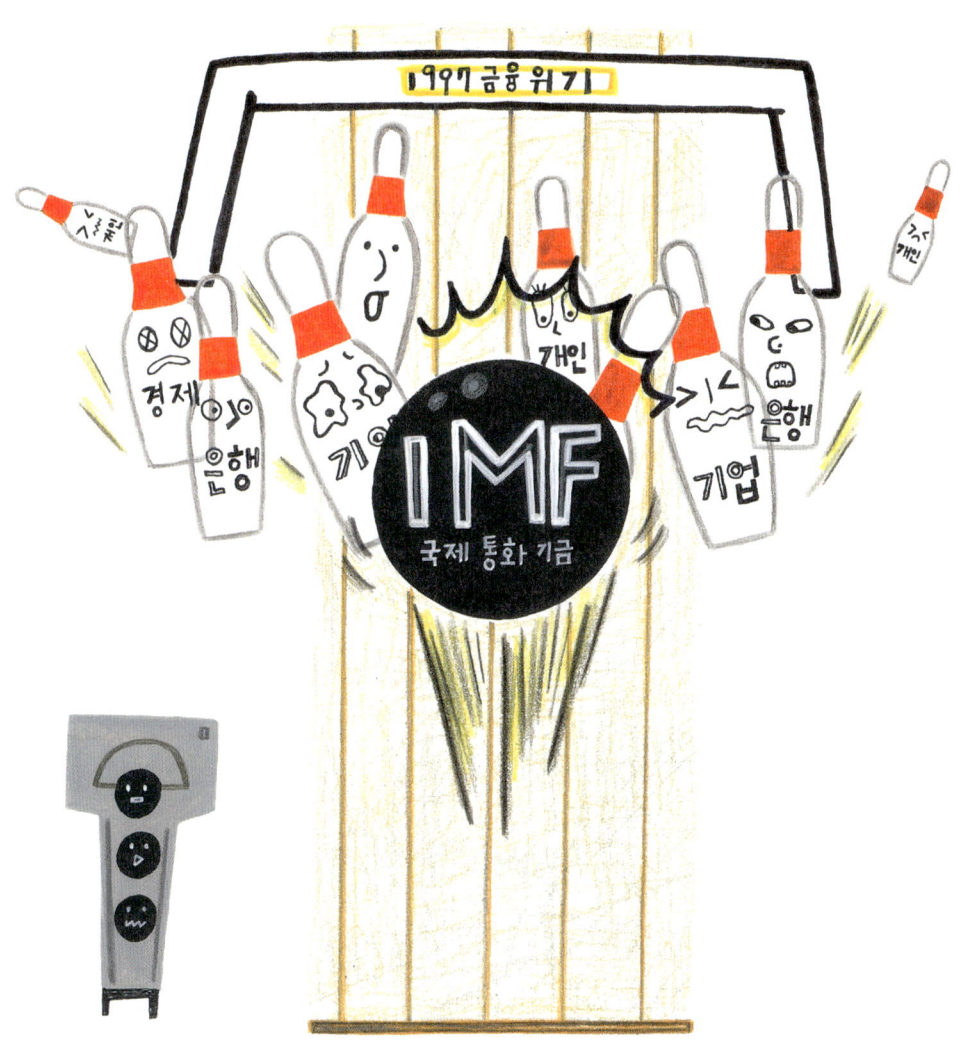

기관들의 부실을 메워 수년 만에 진정되기는 했지만 아주 끔찍한 사건이었죠. 이 사건도 금융 회사가 제 역할을 하지 못하면서 일어났습니다.

금융 회사가 기업을 제대로 평가하지도 않고 돈을 마구 빌려줬다가 큰돈을 떼인 게 사건의 시작이었습니다. 기업이 덩치를 키우기 위해 돈을 빌려 사업에 투자했다가 실패하면서 돈을 못 갚게 되었거든요. 이런 기업에 돈을 빌려준 은행 등 금융 회사 또한 돈을 되돌려 받지 못하니 여러분 부모님 같은 사람들이 맡긴 돈을 제때 돌려주지 못했죠. 기업의 위기가 은행 위기로, 다시 경제 위기로 커져 간 것입니다.

은행이 망했을 뿐인데 왜 경제 전체에 위기가 오는지 의문스러울 법도 합니다. 다시 말하지만 은행은 경제의 혈맥입니다. 혈맥이 막히면 사람이 살 수 없듯이 은행이 망하면 경제도 제대로 돌아가지 않습니다. 돈이 필요한 사람이나 기업이 은행에서 돈을 빌릴 수 없으니 사업을 하거나 집을 사기가 어렵게 됩니다. 한편 가정이나 기업은 번 돈을 안심하고 맡길 곳이 없으니 돈이 더더욱 돌지 않게 되지요.

금융 위기는 한 나라 안에서만 일어나는 것이 아니라 국경을 넘어오기도 합니다. 우리나라는 별다른 문제가 없는데 다른 나라에서 발생한 금융 위기가 국경을 넘어와 우리에게 영향을 주기도 하거든요. 건강한 사람도 감기 환자와 가까이 지내면 감기 바이러스가 전염되는 것과 마찬가지 이치입니다.

2008년 금융 위기가 그랬습니다. 피해를 입지 않은 나라가 거의 없었을 정도라 사람들은 이 사태를 '세계 금융 위기'라고 불렀죠. 세계 금융 위기는 왜 일어날까요?

다시 처음으로 돌아가 봅시다. 은행은 돈을 불리기 위해 돈을 맡긴 사람의 돈만 굴리는 것이 아닙니다. 때로는 다른 나라 은행에서 돈을 빌려 오거나 다른 나라 은행에 빌려주기도 하지요. 그런데 다른 나라 은행이나 기업에 빌려준 돈을 떼이는 경우 문제가 생깁니다. 국내 은행이나 기업에 돈을 빌려줬다가 떼이는 경우와 마찬가지이지요. 돈을 빌려줬다 떼인 은행은 위기를 맞게 되니까요.

돈을 빌려주지 않아도 위기는 전염될 수 있습니다. 주로 외환 시장을 통해서입니다. 외환 시장이 뭐냐고요? 나라마다 쓰는 돈의 종류가 다릅니다. 우리나라는 '원(₩)', 일본은 '엔(¥)', 미국은 '달러($)', 유럽은 '유로(€)'를 씁니다. 외환 시장은 이처럼 서로 다른 종류의 돈을 거래하는 시장입니다. 이 시장은 나라와 나라를 경제적으로 이어주는 중요한 구실을 합니다. 그런데 문제는 이 구실 때문에 위기도 함께 전염된다는 겁니다.

예를 들어 미국에서 경제 위기가 일어났다고 해 봅시다. 그러면 달러 가치가 크게 떨어집니다. 달리 말해 달러와 교환하는 원화의 가치가 올라가지요. 예전에는 1000원을 내면 1달러를 받을 수 있었는데, 달러 가치가 싸지면 500원을 내고 1달러를 받을 수 있죠. 좋은 일 아니냐고요? 꼭 그렇지는 않습니다. 우리나라처럼 수출을 많이 하는 나라에는 손해입니다. 똑같은 물품을 미국에 내다 팔아도 돌아오는 수입은 절반으로 줄어들잖아요. 외환 시장 때문에 기업의 수입이 줄면 그 기업에 돈을 빌려준 국내 은행들도 어려워지고, 이런 악순환이 감당하기 힘들 만큼 심각해지면 결국 금융 위기가 국내에서도 일어나게 되지요.

4) 금융의 공공성이란 무엇인가요?

은행은 사기업이지만 우리 경제의 운명을 좌우할 수 있기에 '공공성'을 띤다고 말합니다. 그래서 정부에서는 은행을 만들려는 사람과 운영하는 사람에 대해 심사를 매우 꼼꼼하게 합니다. 또 일정한 기간마다 은행이 맡은 돈을 잘 관리하고 있는지, 제대로 돈을 빌려주고 있는지를 심사하기도 합니다. 물론 이러한 절차를 밟는다고 해서 금융 위기를 완전히 막을 수는 없습니다.

정부가 은행을 꼼꼼하게 들여다보는 이유는 단순히 은행이 경제의 혈맥이기 때문만은 아닙니다. 은행이 망하면 망한 은행을 살리는 데 국민들이 낸 세금이 들어가기 때문이기도 합니다. 망한 은행에 들어가는 돈을 '공적 자금'이라고 부릅니다. 은행이 망해서 돈을 맡긴 사람들에게 돈을 제때 돌려주지 못하면 정부가 국민들에게 거둔 세금을 은행에 주어 그 돈을 내어주도록 하는 거지요. 물론 이 과정에서 돈을 맡긴 사람이 맡긴 돈 전부를 다 돌려받지 못하는 경우도 생깁니다.

이처럼 은행이 나라 경제에 큰 영향을 끼치고 운영을 잘못할 경우 국민의 혈세가 들어가는 만큼 다른 사기업보다 철저하게 국가의 관리를 받아야 합니다. 정도의 차이가 있을 뿐 우리나라만이 아니라 다른 나라에서도 마찬가지로 정부가 은행을 강하게 규제합니다.

IMF 금융 위기 전후 국내 주요 경제 지표

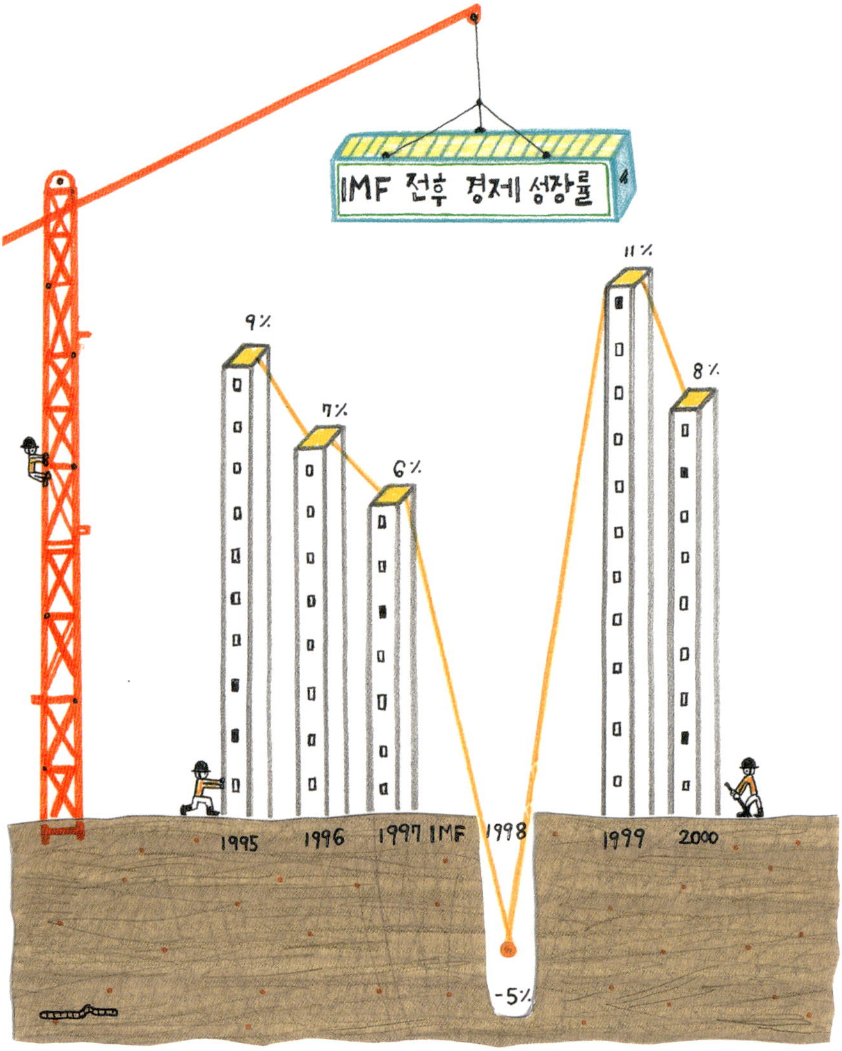

IMF 전후 경제 성장률

9% — 1995
7% — 1996
6% — 1997 IMF
−5% — 1998
11% — 1999
8% — 2000

IMF 전후로 우리나라 경제 성장률이 어떠했는지를 보여 주는 표야. IMF 직후에는 성장률이 정말 많이 떨어졌어. 그뒤에 많이 회복하면서 극복해 나갔지.

*단위: %
*자료 출처: 통계청, 한국은행
*소수점은 반올림함.

7

신용 카드,
합리적 소비일까요,
악마의 유혹일까요?

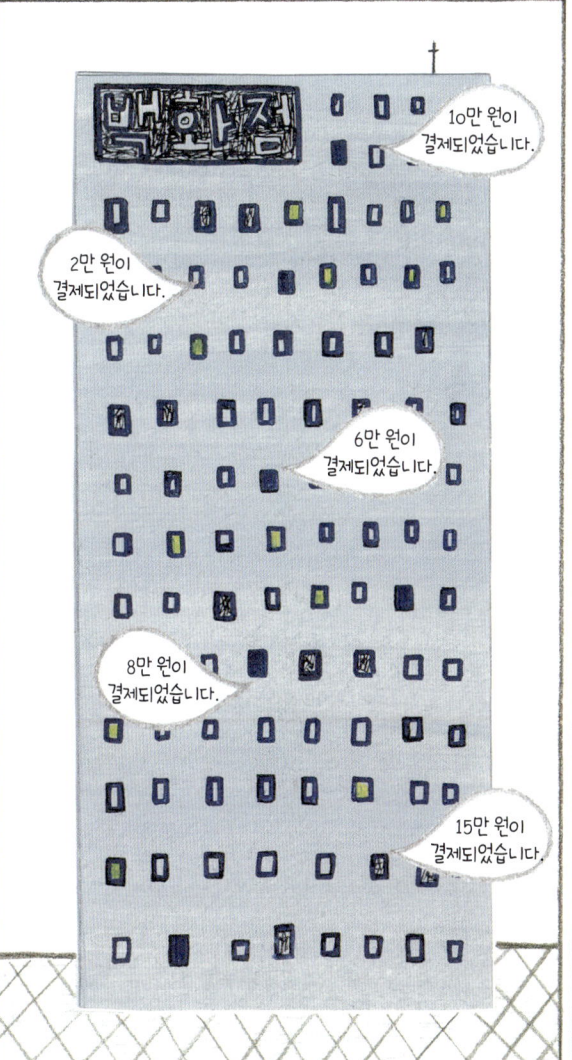

1) 신용 카드란 무엇인가요?

아빠, 엄마의 지갑을 몰래 열어 보다가 꾸지람을 들은 기억이 한 번쯤 있을 겁니다. '뭐가 들었을까?'라는 호기심을 누르기란 쉽지 않지요. 지갑을 열어 보면 네모난 플라스틱 신용 카드가 꼭 있습니다. 보통 지갑에 신용 카드 서너 장쯤은 꽂혀 있을 겁니다.

여러분에게도 친숙한 신용 카드 이야기를 해 보려 합니다. 이 카드에는 '신용'이라는 말이 붙어 있습니다. 신용 카드를 이해하려면 무엇보다 '신용'이라는 말뜻부터 정확하게 알아야겠지요?

신용은 '믿고 사용(거래)한다'라는 의미입니다. 뭘 믿는다는 걸까요? 신용 카드 거래가 어떻게 이루어지는지 따라가 보면 알 수 있습니다.

엄마가 옷 가게에서 여러분에게 입힐 옷을 고른 뒤 점원에게 신용 카드를 내밉니다. 물건을 샀으니 돈을 내야 하는데 돈 대신 카드를 내주지요. 점원은 카드만 받고 옷을 건넵니다. 돈을 주지 않았는데도 말입니다. 카드를 건넨다는 것은 일정한 기간 뒤에 옷값을 지불하겠다는 뜻을 표현하는 겁니다. 점원이 옷을 내어주었다는 것은 그 뜻을 믿는다는 의미이고요. 신용이란 이렇게 지금은 돈을 내지 않지만 얼마 뒤에는 반드시 옷값을 지불하겠다는 약속을 말합니다. 신용 카드는 이 약속을 보장하는 증표이고요.

"그럼 외상이네요?"

맞습니다. 신용 카드로 물건을 사는 것은 외상과 다를 바 없습니다. 외상을 아무나 할 수 있는 것은 아니지요. 반드시 물건값을 지불한다는 서로 간의 믿음이 있을 때만 가능합니다. 마찬가지로 신용 카드도 이러한 믿음이 없다면 쓸 수 없습니다.

여러분이 신용 카드를 만들 수 없는 것도 같은 이유입니다. 여러분에게는 '신용'이 없기 때문입니다. 기분이 살짝 나쁘다고요? 약속을 어긴 적도 없는데 내가 신용이 없다니, 억울하다고요? 화내지 마세요. 여기서 말하는 신용은 친구와 약속을 얼마나 잘 지키느냐에 대한 믿음이 아니라 돈을 얼마나 잘 갚는가의 문제이니까요. 여러분은 돈을 벌지 않잖아요.

신용 카드 회사는 신용 카드를 만들어 줄 때 카드를 발급받고자 하는 사람의 신용, 즉 돈을 얼마나 잘 갚을 수 있는지를 따져 봅니다. 소득은 얼마나 되는지, 빚이 많지는 않은지, 직장은 탄탄한지 등을 종합적으로 따져서 신용이 있다고 판단될 때만 신용 카드를 만들어 줍니다. 또 신용이 높을수록 이용 한도가 더 높은 카드를 만들어 주지요. 어른이라도 신용이 없다면 신용 카드를 발급받을 수 없습니다.

2) 신용 카드의 장점이 있어요

어차피 얼마 뒤면 갚을 건데 굳이 신용 카드를 왜 쓰는 걸까요? 당연한 궁금증입니다. 이 궁금증이 풀릴 때쯤이면 신용 카드의 용도를 더 잘 이해하게 될 겁니다.

사람들이 신용 카드를 많이 쓰게 된 뒤 지갑이 가벼워졌습니다. 예전처럼 현금을 지갑에 넣고 다닐 필요가 없으니까요. 카드 한 장만 지갑에 쏙 꽂아 넣고 다니면 필요한 물건을 현금 주지 않고도 살 수

있으니 무척 편리해졌지요. 물건을 파는 사람도 마찬가지입니다. 현금으로 물건값을 받던 때에는 거래를 할 때마다 돈을 세야 하고 따로 금고를 마련해 둬야 했습니다. 하지만 신용 카드 거래가 늘면서 카드를 카드 단말기에 쭉 긋기만 하면 결제가 됩니다. 물건을 사는 사람이나 파는 사람 모두 편리해졌지요.

그뿐만이 아닙니다. 편리해진 만큼 소비가 늘어납니다. 특히 카드를 사용하면 물건값을 한꺼번에 몽땅 내지 않고 몇 개월에 걸쳐 나눠 낼 수도 있습니다. '카드 할부'라고 하지요. 당장 가진 돈이 없더라도, 아니 카드 결제일에 목돈을 마련할 재간이 없더라도 값비싼 물건을 지금 당장 살 수 있습니다.

'지름신'이란 말 여러분도 잘 쓰지요? 어른들도 그럴 때가 있습니다. 이 지름신이 자주 내려올 수 있는 건 바로 신용 카드 때문입니다. 신용 카드가 소비를 부른다고 할 수 있지요.

이처럼 신용 카드로 인해 거래는 편리해지고 소비는 늘어납니다. 소비가 늘어나면 그만큼 나라 경제가 좀 더 활기차집니다. 물건을 많이 사니 물건을 만들거나 파는 사람도 더 많은 돈을 벌 수 있고요. 기업이 돈을 많이 벌면 일자리도 늘어나고 다시 사람들의 주머니는 두둑해집니다. 이런 이유로 나라 경제가 어려워질 때 정부에서 가끔 신용 카드 발급 기준을 낮추기도 합니다.

또한 신용 카드에는 숨겨진 소득을 끄집어내는 기능도 있습니다.

장사를 하든 기업을 운영하든, 돈을 버는 사람은 본인이 얼마나 벌었는지를 정부에 알려야 합니다. 이를 '소득 신고'라고 하지요. 정부는 소득을 토대로 세금을 부과합니다. 하지만 실제로 소득 신고를 하지 않거나 소득을 거짓으로 줄여서 신고하는 사람들이 더러 있습니다. 물론 월급을 받는 사람들은 대부분 소득 신고가 자동으로 되니 이런 경우가 드뭅니다. 주로 기업을 운영하거나 장사를 하는 사람들 사이에서 소득을 숨기는 일이 생기는 경우가 있습니다. 그런데 신용 카드를 사용하면 소득을 숨길 수가 없습니다. 신용 카드로 물건값을 치르면 그 기록이 고스란히 남거든요. 이처럼 신용 카드는 숨어 있는 소득을 드러내 주는 기능을 합니다.

가끔 아웃렛 매장이나 시장에서 현금으로 계산하면 물건값을 깎아 준다는 팻말을 봤을 겁니다. 장사하는 사람이 물건값을 신용 카드로 받으면 소득을 숨길 수 없어 세금을 내야 하지만, 현금으로 받으면 소득을 숨길 수 있어 세금 부담을 줄일 수 있습니다. 하지만 이는 내야 할 세금을 내지 않는 것이니 탈세입니다. 신용 카드는 이렇게 탈세를 줄이는 효과를 거두고 있습니다.

3) 신용 카드의 이면을 살펴보아요

신용 카드에 순기능만 있다면 참 좋겠지만 분명 역기능도 있습니다. 신용 카드는 '신용'을 토대로 외상 거래를 하는 카드라고 앞에서 설명했습니다. 달리 말하면, 신용이 부족한 사람이 신용 카드를 사용하면 문제가 일어납니다.

첫째, 카드 회사가 카드를 만드는 사람의 신용을 제대로 심사하지 않으면 문제가 발생합니다. 돈을 꼭 받아야 하는 카드 회사가 왜 이런 어처구니없는 일을 하냐고요? 카드 회사는 카드를 많이 발급해서 시장 점유율을 높이는 게 중요합니다. 자기네 카드를 쓰는 고객이 더 많을수록 돈을 더 많이 벌 수 있거든요. 카드 회사는 고객이 카드를 쓸 때마다 받는 수수료로 이윤을 내는 기업이니까요. 카드를 많이 발급하고 많이 쓰도록 해야 돈을 벌 수 있지요.

현명한 카드 회사라면 고객의 신용 상태를 신중히 심사하겠지만,

일단 덩치부터 불리고 싶은 카드 회사나 짧은 기간에 많은 돈을 벌고자 하는 카드 회사는 카드 발급 심사를 대충대충 해서 무조건 많이 발급하려는 유혹에 빠집니다.

　소비자들도 카드 때문에 스스로 신용을 갉아먹기도 합니다. 카드가 물건 사는 일을 매우 간편하게 해 주니, 종종 소비자들은 자신의 상환 여력(갚을 수 있는 능력)을 넘어서 카드를 쓰기도 합니다. 특히 물건값을 몇 개월씩 나눠 낼 수 있으니 종종 본인이 감당할 수 없는 소비를 해 버리기도 합니다. 신용 카드가 없었다면 문제가 없을 사람도 신용 카드의 이런 유혹에 빠져 순식간에 빚더미에 올라앉는 경우가 종종 생깁니다.

이처럼 신용 카드에는 지갑을 가볍게 해 주고, 소비를 늘려 경제에 활기를 주고, 숨어 있는 세금을 찾아내는 순기능이 있습니다. 그렇지만 같은 이유로 소비가 감당하기 어려울 정도로 커질 때 카드 회사를 부실하게 만들고 수많은 고객들을 신용 불량자로 전락시키는 치명적인 단점도 갖고 있습니다.

4) 카드 대란이라고, 들어 봤나요?

2003년에 우리나라에서는 '신용 카드 대란'이 발생했습니다. 앞서 말한 신용 카드의 역기능이 가장 크게 드러났던 사건이지요. '대란', '큰 난리'라는 말이 붙을 정도로 많은 사람들이 피해를 입었습니다. 여러 카드 회사가 무너졌고, 수백만 명의 소비자들이 신용 불량의 늪에 빠졌습니다.

그 원인은 앞에서 얘기한 것처럼 무분별한 카드 발급 때문이었습니다. 카드 회사들이 고객의 신용을 제대로 심사하지 않고 카드를 만들어 줬던 것이죠.

이때부터 신용 카드가 사실 '신용 없는' 카드가 돼 버린 것입니다. 소득이 꾸준하지 않거나 전혀 없는 대학생에게도 쉽게 카드를 만들어 주었습니다. '길거리 모집'이라는 말이 있을 정도로 카드를 어디에서든 쉽게 만들어 주었지요. 길거리에 매대를 설치해 놓고 신청하는 즉시 카드를 발급해 줄 정도였으니까요. 그러다 보니 제대로 카드 대금을 낼 수 없는 '신용 없는' 고객들이 우후죽순 늘어난 것은 당연한 결과이지요.

게다가 이러한 카드사의 영업 행태를 관리 감독해야 하는 정부도 손을 놓고 있었습니다. 오히려 부추겼다고 해도 무리가 아니에요. 앞서 말했듯이 카드를 많이 발급해 소비가 늘어나게 되면 일시적으로 경제가 살아나는 것 같은 착시 현상이 일어납니다. 이런 현상에 정부가 도취되었던 것입니다. 소득이 일정하지 않은 사람들이 카드를 발급받아 백화점에서 옷도 사고 가구도 샀습니다. 자동차도 사고 값비싼 명품도 사들였습니다. 물건을 사는 사람이 늘어나니 공장이 잘 돌아가고 생산이 늘었습니다. 정부는 이런 상황을 넋 놓고 바라보기만 했습니다.

그러나 그 결과, 카드 대란이라는 경제 위기를 맞았지요. 무분별하게 소비한 사람들은 카드 빚을 갚지 못해 신용 불량자가 되었습니다. 사람들에게 카드 결제금을 제대로 받지 못한 카드 회사 여럿은 망했고요. 정부도 이러한 신용 불량자와 부실 카드 회사 문제를 처리하느라 공적 자금을 엄청 쏟아부을 수밖에 없었습니다. 앞에서 설명했던 것처럼 공적 자금은 여러분 부모님과 여러분이 내는 세금으로 모은 돈입니다. 결국 신용 카드가 여러분과 부모님의 주머니를 털어간 셈이 되었지요. 신용 카드가 때로는 얼마나 위험한 물건인지 이제 알 수 있겠지요?

이처럼 카드는 소비를 도와주는 장점이 있지만 잘못 쓰면 본인은 물론 카드 회사, 나아가 카드와는 아무런 관계가 없는 다른 사람의 삶에까지 치명적 영향을 줍니다.

이제 신용 카드의 장점과 단점을 모두 알았으니 여러분이 어른이 되었을 때 카드가 주는 편리함에만 빠져들어 빚더미에 앉는 일은 없겠지요?

8

보험,
정말 비 올 때
우산이 되어 줄까요?

1) 보험은 예상치 못한 위험에 대비하는 금융 상품이에요

"조심해라!"

건널목을 건널 때 주위를 살핍니다. 신호등에 녹색등이 켜져도 마찬가지입니다. 혹시나 달려오는 오토바이나 자동차가 없는지 잘 살펴야 하지요. 운동장에서 야구를 할 때도 그렇습니다. 공을 던지고 받고 칠 때 조심해야 합니다. 실수로 넘어지거나 날아오는 공을 미처 피하지 못할 수도 있으니까요. 축구를 할 때도, 정글짐에 오를 때도 조심 또 조심해야 합니다. 물론 조심한다고 사고를 다 피할 수는 없습니다. 프로 야구 선수도 공에 맞아 다칠 수 있고, 자동차 경주 선수가 교통사고를 내기도 하지요. 조심한다고, 능력이 뛰어나다고 해서 사고 위험에서 완전히 벗어날 수 있는 것은 아닙니다. 우리 삶에는 예측할 수 없는 위험이 언제나 도사리고 있으니까요.

생활에서 일어날 수 있는 이러한 사고 말고도 태풍이나 지진 같은 천재지변이 일어나기도 합니다. 천재지변을 미리 막기는 거의 불가능하지요. 또 평소에 골고루 먹고 운동을 열심히 했는데도 원인 모를 병에 걸릴 수 있고요. 이처럼 살면서 맞닥뜨릴 수 있는 위험을 완벽하게 예방할 수는 없습니다. 예방할 수 있다면 위험이라고 부르지도 않겠지요. 보험은 이처럼 예상하지 못한 위험에 대비하려고 만든 금융 상품입니다. 갑작스런 위험이 닥쳤을 때 보험이 그 부담을 덜어 주는 역할을 하지요.

집에 불이 났다고 생각해 보세요. 정말 암담하지요? 집이 모두 타 버리고, 옷도, 가구도, 가전제품도 모두 검은 재로 변해 버렸습니다. 피해가 막심하겠지요? 만약 보험을 들어 놓았다면 보험 회사에서 그 피해를 어느 정도 보상해 줍니다. 보험이 없다면 그 피해를 고스란히 떠안아야겠지요.

한편 위험의 종류가 다양한 만큼 보험의 종류도 다양합니다. 불이 났을 때를 대비한 화재 보험, 질병에 걸릴 때를 대비한 질병 보험, 자동차 사고를 염두에 둔 자동차 보험 등 매우 다양하지요. 나이에 따라 노인 보험, 어린이 보험도 있습니다. 어린이 보험은 여러분이 자라는 동안 겪을 수 있는 위험에 대비한 것이지요. 혹시 여러분이 야구를 하다가 옆집 유리창을 깬다거나, 학교에서 친구들과 싸우다가 상처를 입거나 입혔을 때를 대비한 보험입니다. 위험이 우리와 가까운 만큼 보험도 우리 일상과 아주 가까이 있습니다.

2) 보험은 언제부터 있었을까요?

누구나, 언제나 위험에 빠질 수 있는 만큼 보험의 역사도 아주 오래되었습니다. 기원전 1750년께 제정된 최초의 성문법인 '함무라비 법전'에도 보험의 흔적이 남아 있지요. 이 법전에는 "해상 무역 종사자는 사고 발생 시 채무(빌린 돈)를 갚아야 할 의무를 일부 혹은 전부 면제받는다."라는 조항이 담겨 있습니다. 당시에 보험 형태의 계약

관계가 존재했다고 추정할 수 있습니다.

근대적인 의미에서 최초의 보험이 나타난 시기는 르네상스 시대입니다. 당시 세계를 주름잡고 있던 이탈리아의 제노바나 피사, 베네치아 같은 상업 도시에서 해상 보험이 등장했습니다. 당시에는 모든 화물을 주로 배로 운반했는데, 화물선이 오늘날처럼 튼튼하지 않아서 화물을 싣고 가다 부서질 수도 있고, 해적을 만날 수도 있었지요. 이런 위험에 대비하고자 상인들은 보험을 들었습니다. 해적에게 물건을 빼앗겨 피해를 입더라도 가입해 둔 보험으로 그 피해를 일부 보상받는 식이었지요.

화재 보험도 매우 역사가 긴 보험 상품에 속합니다. 화재 보험이 본격적으로 등장하게 된 계기는 1666년에 영국 런던에서 발생한 대화재였지요. 이 사건은 런던의 한 빵 공장에서 시작된 불이 런던 시내 가옥의 80퍼센트를 불태웠을 정도로 런던 시민에게 큰 피해를 주었습니다. 당시에는 건물이 모두 나무로 지어진 탓에 불이 더 쉽게 번졌습니다. 이 사건이 일어난 이듬해에 영국 국왕은 화재가 발생할 경우 그 피해 금액을 보상해 주는 화재 보험 제도를 만들었습니다. 이후 질병 보험, 생명 보험 등 다른 형태의 보험들이 순차적으로 등장하게 됩니다.

우리나라 최초의 보험은 '소 보험'이었답니다. 소가 죽으면 보상을 받을 수 있는 보험인데, 처음 계약된 시기가 지금으로부터 110여 년 전인 1897년이지요. 1960~1970년대까지만 해도 소를 팔아서 자녀들 대학 등록금을 지불했을 정도로 과거에는 소가 한 가정의 중요한 재산이었습니다. 국내 최초 보험이 소 보험인 배경이지요. 그럼 이제 본격적으로 보험에 대해 알아볼까요?

3) 공보험과 사보험이 있어요

보험은 크게 공보험과 사보험으로 나눌 수 있습니다. 사보험은 민간 기업이 만든 상품을 개인이 선택해 가입하는 보험이고, 공보험은 정부나 공공 단체가 만들어 운영하고 국민이라면 의무적으로 가입해야 하는 보험입니다. 국민 건강 보험이 우리나라의 대표적인 공보험입니다. 여러분도 건강 보험증을 한 번쯤은 봤을 겁니다. 병원에서 돈을 낼 때 건강 보험증을 함께 보여 주면 전체 진료비 중 국민건강보험공단에서 부담하는 부분을 제한 나머지 금액을 계산해 줍니다. 이러한 국민 건강 보험이 없었다면 병원에 갈 때마다 적지 않은 비용을 본인이 모두 내야겠지요. 그러니 아파도 병원비가 부담되어 병원에 못 가는 일도 생깁니다. 이러한 까닭에 국민의 건강과 안전을 돌볼 의무가 있는 국가는 의무 건강 보험 제도를 운영하고 있습니다.

또 다른 공보험으로 산업 재해 보험이 있습니다. 일터에서 일하다 보면 뜻밖의 사고가 날 수 있습니다. 어떤 일터에서든지 마찬가지입니다. 이렇게 일하다가 사고가 일어날 경우에 대비해 드는 보험이 산재 보험입니다. 진료비는 물론 재활을 하는 데 드는 비용까지 지원합니다. 산재 보험이 없다면 어떠할까요? 사고 비용을 처리하느라 기업을 정상적으로 운영하지 못할 수도 있습니다. 기업이 사고 비용을 댈 수 없다면 사고를 당한 사람은 갑자기 엄청난 어려움에 처하게 됩니다. 이런 경우에 대비해 보험을 드는 겁니다. 언제 발생할지 모르는 사고에 대비해 미리 산재 보험을 들어 놓으면 사고에 따른 치료비, 위로금 등의 부담을 덜 수 있으니까요.

반면 사보험은 개인의 선택에 따라 들 수도 있고 안 들 수도 있습니다. 질병 보험의 경우만 따져 봅시다. 질병에 걸려 치료를 받게 되

면 치료비가 발생합니다. 이 가운데 상당 부분을 국민건강보험공단에서 부담하지요. 하지만 전부를 부담해 주는 것은 아니라서 남는 비용이 또 있습니다. 이 남는 비용, 즉 남는 위험에도 대비를 하고 싶다면 사보험을 들면 됩니다.

어느 나라나 공보험과 사보험 모두 있습니다. 다른 점이 있다면 공보험과 사보험의 범위에 차이가 있다는 것입니다. 독일 등 유럽에서는 공보험의 영역이 매우 넓습니다. 사보험을 따로 들지 않더라도 공보험에서 대부분의 위험을 감당해 줍니다. 반면 미국에서는 공보험의 범위가 매우 좁습니다. 그런 탓에 많은 국민들이 별도로 사보험을 들지요.

공보험의 범위를 어디까지로 정하느냐는 나라별 경험과 문화에 따라 달라집니다. 개인주의적 문화가 강한 곳이라면 사보험의 영역이 넓고, 공동체 정신이 강한 나라는 공보험 기능이 더 활성화되어 있습니다. 가난한 사람에겐 아무래도 공보험의 범위가 넓은 게 이롭고, 그렇지 않은 사람에겐 사보험이 더 매력적일 수 있습니다.

4) 보험은 한마디로 확률 게임이에요

"그러다가 보험 회사가 다 망하겠네요."

불이 나도 보험이 해결해 주고 병에 걸려도 보험 회사가 치료비를 내 준다면 정말 보험 회사는 남아나는 게 없을 것 같습니다. 하지만 실제로 보험 회사는 잘 망하지도 않고 오히려 돈도 많이 법니다. 왜 그럴까요?

보험에 가입하면 정해진 기간 동안 매월 보험료를 냅니다. 사고 등 위험이 발생했을 때 보험 회사에서 지급하는 보험금은 바로 여러분이 내는 보험료에서 나옵니다. 보험금이 공짜가 아닌 거죠. 위험이 발생하지 않은 평소에 조금씩 낸 보험료가 모이고 모여서 사고가 발생하면 보험금으로 지급되는 것입니다.

사고가 나지 않으면 어떻게 되냐고요? 네, 사고가 나지 않으면 보

> 묻지도 따지지도 마 암 보험압니다.

보험 약관

험료는 모두 보험 회사 주머니로 쏙 들어갑니다. 하지만 이와 반대로 보험료를 낸 기간이 짧아 모인 보험료가 적더라도 사고가 발생하면 보험금을 다 받을 수 있습니다. 이럴 땐 보험 회사가 손해를 봅니다.

어찌 보면 보험의 구조는 확률 게임과 매우 비슷합니다. 예컨대 생명 보험은 사람이 사망할 확률을 토대로 보험료와 보험금을 계산해 정합니다. 그런데 실제로 확률보다 더 많은 사망자가 발생하면 보험 회사가 손해를 보고, 그 반대라면 이익이 남게 되죠. 보험 회사에서 가장 중요한 부서가 바로 위험이 발생할 확률을 계산하는 곳이랍니다.

이러한 복잡한 구조 때문에 보험 회사와 가입자 사이에 싸움도 종종 발생합니다. 보험 회사는 사고가 발생했을 때 이런저런 이유로 보험금을 적게 주려고 하고, 보험료를 낸 가입자는 가급적이면 보험금을 많이 받으려고 합니다. 또 보험 회사는 사고 발생 가능성을 부풀려서 보험료를 더 많이 책정하기도 하고요.

이런 싸움을 줄이기 위해 보험 상품은 그 어떤 금융 상품보다 계약서가 매우 복잡하고 자세합니다. 보험 가입자

> 무슨 말인지? 어렵구먼.

와 보험 회사가 어떤 경우에 보험금을 얼마 지급한다는 약속을 꼼꼼하게 하는 거지요. 이를 '보험 약관'이라고 부릅니다. 보험 약관이 구체적인 것은 좋지만, 지나치게 상세하고 항목이 많다 보니 실제로 보험 가입자가 꼼꼼하게 읽어 볼 엄두가 안 나거나, 내용이 전문적이고 복잡해서 꼼꼼하게 읽어도 다 이해하지 못하기도 합니다. 게다가 우리나라에서는 보험을 주변 사람, 지인들의 권유로 드는 경우가 많아서 보험 약관을 채 읽어 보지도 않고 계약을 하곤 하지요.

한 예로 암 보험을 살펴봅시다. 상품마다 다르지만 대부분 어떤 암에 걸렸느냐에 따라 지급되는 보험금이 다릅니다. 암은 종류가 매우 많고, 더 위험한 암과 그렇지 않은 암이 있으니까요. 문제는 보험 가입자는 암에만 걸리면 보험금을 온전히 준다고 착각하기 쉽다는 점입

니다. 그래서 암에 걸려 보험금을 청구했을 때 예상한 금액만큼 받지 못하는 경우가 종종 있고, 그러면 보험 회사와 싸움이 벌어지는 거지요. 꼼꼼하게 살펴보지 못했다고 보험 가입자에게 모든 책임을 물을 수는 없습니다. 보험 회사도 어느 정도는 책임이 있지요.

텔레비전에서 보험 광고를 본 적 있을 겁니다. 보험 광고 대부분은 복잡한 상품 내용을 설명하지 않습니다. 그 대신 누구나 가입할 수 있다거나, 어떤 병에 걸리면 얼마만큼의 보험금을 준다는 등 간략한 내용만 광고를 하지요. 최대로 받을 수 있는 보험금만 강조하기도 합니다. 이 광고만 믿고 보험에 가입하면 십중팔구 속았다는 생각이 들 수밖에 없지요.

이런 문제가 더 깊어지면 결국에는 보험 상품에 대한 소비자들의 신뢰도가 떨어지게 됩니다. 광고나 판매원들의 설명을 소비자들이 믿지 않게 되는 거지요. 소비자들이 알아듣도록 상품을 설명하는 과정과 절차가 단기적으로는 번거롭고 비용이 드는 문제일 수 있지만, 장기적으로는 보험 상품에 대한 소비자 신뢰도와 만족도를 높여 소비자와 보험 회사 모두에게 이익을 가져다줍니다.

이런 일은 보험 회사와 소비자의 노력만으로는 되지 않지요. 정부의 당근과 채찍도 필요합니다. 제대로 설명도 하지 않고 상품을 팔려고만 하는 보험 회사가 있다면 정부는 벌금을 물려야 하고, 양심껏 상품을 파는 회사에는 칭찬도 해 줘야 하지요.

9

바른 먹거리,
'알뜰' 장보기를 넘어 '바른' 장보기

1) 먹거리, 어디엔 풍족하고 어디엔 많이 부족해요

의식주는 사람이 살아가는 데 꼭 필요한 세 가지 요소입니다. 학교에서 다 배웠지요? 그런데 의식주 중에서도 딱 하나만 꼽으라면 여러분은 뭘 고르겠어요?

"따져 볼 필요도 없어요!"

네, 그래요. 단연 '식', 즉 먹거리일 겁니다. 옷을 입지 않거나 집은 없어도 살 수 있지만 먹지 않고 살 수 있는 사람은 없으니까요.

'요즘 세상에 먹거리가 뭐가 그리 중요하지?'라고 생각하는 친구들도 있을지 몰라요.

그래요. 요즈음은 먹거리가 무척 풍족한 터라 중요해 보이지 않을 수도 있습니다. 길을 나서면 뭘 골라야 할지 막막할 정도로 수많은 음식점이 즐비하고, 대형 할인점에만 가도 여러분의 선택을 기다리는 맛있는 먹거리가 줄지어 진열되어 있으니까요.

시선을 조금만 돌려 봅시다. 이 지구 상에는 정말 음식이 없어서 먹

지 못하는 사람도 있다는 것을 텔레비전 등에서 본 적 있을 거예요. 맞아요. 이 지구 상에는 여전히 배고픔에 시달리다 못해 병에 걸리거나 목숨을 잃는 사람들이 많습니다.

2) 우리 몸에 맞고 우리 몸에 좋은 바른 먹거리를 찾아요

이렇게 중요한 먹거리 가운데에서도 '바른 먹거리'에 대해 얘기해 볼까요? 먹거리 앞에 '바른'이라는 단어가 붙으니 조금 이상하지요? 옛날 우리 할아버지, 할머니가 사시던 시대에는 먹거리 자체가 부족해서 바른 먹거리, 나쁜 먹거리를 따질 겨를이 없었습니다. 그렇지만 이제는 먹거리가 풍족한 세상에 살고 있으니 '바른 먹거리'에 대해 생각해 보아야 합니다. 이왕 먹거리를 찾을 바에는 잘 골라야 한다는 것이죠.

바른 먹거리란 뭘까요? "불량 식품은 바른 먹거리가 아닌 것 같아요." 네, 그렇습니다. 불량 식품은 바른 먹거리가 아닙니다. 불량 식

품은 군침을 돌게 하지만 실제로는 겉만 번지르르할 뿐 몸에 해로운 물질도 많이 들어 있습니다. 유통 기한이 지난 음식도 불량 식품이라고 할 수 있죠. 불량 식품뿐만이 아니에요. 식료품 가게에서 엄마가 물품 뒷면에 적혀 있는 성분을 꼼꼼하게 읽는 모습을 종종 보게됩니다. 행여 몸에 이롭지 않은 성분이 들어 있는지를 살펴보는 거지요. 또 음식점에서도 음식을 만드는 공간인 주방에서 제대로 위생 관리를 하고 있는지를 따져 보는 사람들이 있습니다. 보기에는 먹음직스러워도 위생 관리가 제대로 되지 않았다면 바른 먹거리라고 할 수 없겠지요.

그렇다면 도대체 바른 먹거리란 어떤 음식을 가리키는 걸까요? '신토불이'라는 말을 떠올려 봅시다. 그러면 이해가 조금 더 쉬울 거예요. 신토불이란 '몸과 땅은 둘이 아니고 하나'라는 뜻인데, 자기가 사는 땅에서 생산된 먹거리가 몸에 잘 맞는다는 의미를 담고 있습니다. 사람에 따라 잘 맞는 먹거리가 있고 아닌 것도 있다는 거죠. 그렇습니다. 우리 체질에 맞는 먹거리가 바른 먹거리입니다. 물론 다른 땅에서 난 먹거리가 나쁘다는 의미는 아닙니다. 다만 우리 땅에서 난 먹거리가 우리 몸에는 더 잘 맞는다는 뜻입니다.

쌀을 살펴볼까요? 우리 땅에서 나는 쌀과 베트남에서 생산되는 쌀은 참 다릅니다. '우리 쌀'은 차지고 끈끈한데 '베트남 쌀'은 푸석푸석하고 깔깔합니다. 우리 쌀과 베트남 쌀 중 어느 쌀이 더 낫다고 할 수는 없지만 '우리 몸에는 우리 쌀이 더 좋다.'라고 말할 수는 있습니다. 또 유통 과정이 길고 생산지와 판매처가 멀수록 농약이나 방부제가 많이 들어 있을 가능성도 큽니다.

3) 바람직하게 생산된 바른 먹거리는 무엇일까요?

정직한 성분으로 잘 만들어졌고, 우리가 사는 지역에서 나는 먹거리가 좋은 먹거리라고 얘기했습니다. 한편으로 '바람직하게 생산된 먹거리가 바른 먹거리다.'라는 말은 또 어떤 의미일까요?

먹거리는 사람이 노동을 하여 생산합니다. 하늘에서 뚝 떨어지지 않지요. 산에서 나는 산나물이나 버섯도 누군가 산에 올라가서 캐어

와야 우리 식탁에 오릅니다. 여기에서 바른 먹거리의 또 다른 기준을 찾아낼 수 있습니다. 몸에 이롭고 체질에도 맞는 먹거리라 하더라도 먹거리를 만든 사람이 땀 흘린 만큼 대가를 받지 못한 것이라면 바른 먹거리라고 할 수 있을까요? 누군가의 눈물로 만들어진 먹거리라면, 그것을 먹는 우리의 마음도 편치는 않을 겁니다.

먹거리를 만든 사람이 충분한 대가를 받지 못한 음식이 우리 식탁에 오르는 경우가 참 많습니다. 먹거리를 만든 사람이 마땅히 가져가야 할 대가를 중간에서 가로채는 사람이 드물지 않기 때문이지요. 먹거리 생산지에서부터 우리 식탁까지 이어 주는 과정, 즉 유통 과정에서 이런 일이 종종 발생합니다.

유통은 무척 중요합니다. 먹거리를 만들더라도 소비자와 연결해 주는 유통이 없다면 팔 수가 없으니까요. 마찬가지로 소비자도 좋은 먹거리를 구경도 할 수 없지요. 유통업체가 어느 정도 대가를 받는 것은 당연한 일입니다. 문제는 유통업체가 지나치게 많은 이윤을 챙길 때 일어납니다. 대형 유통업은 대부분 대기업에서 맡고 있습니다.

유통 기업의 덩치가 크다 보니 물건을 엄청나게 많이 사는 대신 생산지에서 값을 적게 쳐주고 물건을 사 오는 경우가 있습니다. 물건을 많이 사면서 값을 내리는 것은 자연스러운 현상이지만, 그 정도가 지나치면 직접 땀 흘려 먹거리를 생산하는 농민과 어민들이 생산 활동을 더 이상 할 수 없는 상황으로 내몰릴 수도 있습니다. 여러분도 뉴스에서 종종 봤을 거예요. 농민들이 밭을 갈아엎어 버린다거나 밭째 유통업체에 팔아넘기는 일들 말이에요.

4) 직거래 시장이 늘고 있어요

유통업체의 횡포를 줄이고 생산자와 소비자 모두를 이롭게 하기 위해 생겨나는 거래 형태가 직거래 시장입니다. 말 그대로 생산자와 소비자를 직접 이어 주는 시장이지요. 과거에는 농민들이 아파트 단지 등 사람들이 많이 사는 곳에 찾아와서 물건을 파는 형태였지만, 인터넷 사용이 익숙해지고 널리 퍼지면서 직거래 시장이 좀 더 활발해지고 규모도 커지고 있습니다.

소비자들은 생산지와 생산자에 대한 정보를 알 수 있으니 믿고 물품을 살 수 있고, 생산자도 보다 양심적으로 물품을 생산하고 판매하

게 됩니다. 게다가 유통업체가 중간에서 떼어 가는 이윤이 없다 보니 소비자들은 좀 더 싸게 물건을 살 수 있고, 생산자들은 좀 더 많이 이윤을 가져갈 수 있다는 이점도 있습니다.

직거래 시장은 종종 협동조합의 모습을 띠기도 합니다. 소비자들이 서로 모여서 조합을 결성해 특정한 생산자나 지역에서 생산된 물품들을 구매한다든지, 거꾸로 특정 지역이나 물품을 생산하는 생산자들이 모여서 함께 물건을 파는 형태이지요.

5) 알뜰 장보기를 넘어, 소비자가 세상을 바꿔요

이제 소비도 생각해 봅시다. 여러분은 부모님 따라 종종 장을 보러 갈 겁니다. 어머니가 어떻게 먹거리를 고르는지 기억나나요? 일단 질 좋은 먹거리를 고릅니다. 그런데 가끔은 질 좋은 먹거리를 손에 쥐었다가 다시 내려놓기도 합니다. 질이 좋더라도 너무 비싸면 살 수 없으니까요.

장보기에서 가장 중심이 되는 부분은 '알뜰'입니다. 같은 물건이라면 조금 더 싼 것을 고르는 게 당연합니다. 그런데 한번 생각해 봅시다. '알뜰 장보기'가 항상 정답일까요? 참 어렵고도 까다로운 질문입니다. 답을 내기도 여간 까다롭지 않죠. '좋다', '나쁘다'라고 무 자르듯 말하기 어렵습니다.

알뜰 장보기가 때로는 바른 먹거리를 위기로 내몰 수도 있다면 과

장일까요? 불행하게도 종종 이런 경우가 있습니다. 앞에서 말한 대로 유통하는 사람은 물건을 많이 팔기 위해 조금이라도 싼값에 물건을 내놓습니다. 그러다 보면 생산하는 사람에게 제값 주고 먹거리를 사 오지 않는 경우가 발생합니다. 바른 먹거리가 계속 생산되려면 생산한 사람도 정당한 대가를 받아야 하는데 소비자들이 알뜰 장보기에만 초점을 맞추면 제값을 받지 못하는 경우가 생기는 거지요.

우리는 제각각 사는 것 같아도 실은 긴밀하게 연결되어 있습니다. 식탁 앞에 앉으면 생선의 빛깔과 맛만 보이지만 사실 바다에서 어부가 생선을 잡아 여러 경로를 거쳐 우리 식탁까지 온 거예요. 그사이 누군가 손해를 본다면 우리 식탁에 제대로 오를 수 없습니다.

이처럼 최종 소비자인 여러분이 어떤 방식의 소비를 선택하느냐에 따라 바다에서 우리 식탁까지 촘촘하게 연결된 그물망이 건강할 수도 있고 건강하지 않을 수도 있습니다. 알뜰 장보기에만 급급해한다면 어부가 힘들어질 수도 있고, 식탁까지 생선을 가져다주는 유통을 하는 사람들이 원산지를 속여 판다거나 생산지 가격을 터무니없이 깎는다거나 포장만 그럴듯하게 해서 파는 등 딴마음을 먹도록 만드는 꼴이 되기도 하지요. 소비자의 생각에 따라 많은 사람들이 행복할 수도 있고 불행할 수도 있습니다. 조금 과장하면 "소비가 세상을 바꾼다."라고 말할 수도 있겠네요. 이제 물건을 고를 때 예전보다 조금 더 고민이 늘어나겠죠?

10

G2,
세계 양대 최강국
미국과 중국

우리 형 이번에 중국으로 어학연수 가겠다고 엄마, 아빠 설득하느라 온 집안이 난리야. 날마다 전쟁판!
엄마, 아빠는 이왕이면 미국 가서 영어 배우지 뭣 하러 중국에 가냐 하시고,
형은 요즘 세상은 그렇지 않다고 하고. 근데 요즘 많이 달라진 것 같긴 해. 우리도 중국어 배우잖아. 영어보다
앞으로 중국어가 더 유망할 거래. 세계 판도가 바뀌고 있다고 하고. 곧 중국이 세계 최강국이 될지 몰라.
영토도 넓지, 인구도 많지, 경제력도 엄청나게 성장하고 있지.

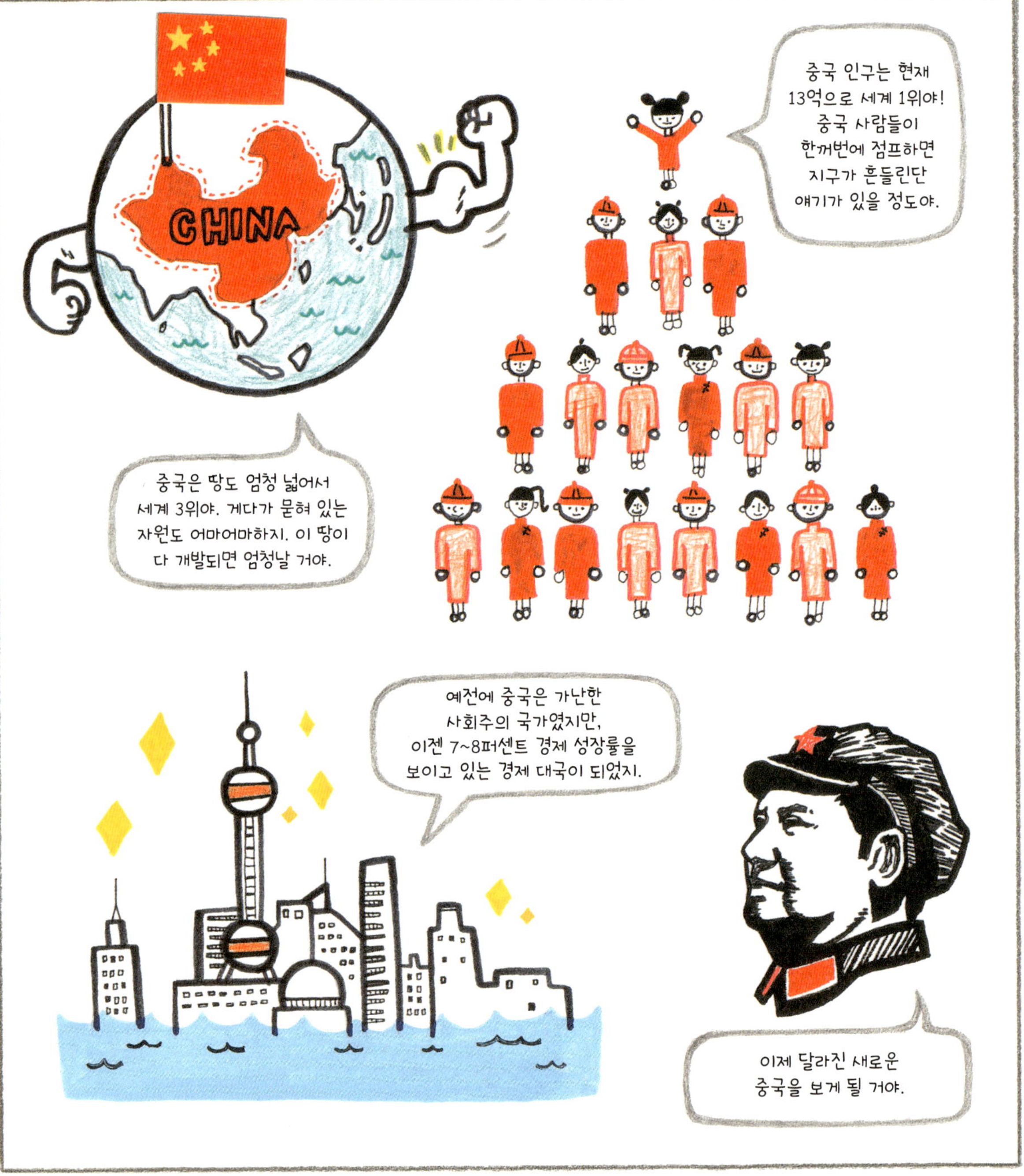

중국 인구는 현재 13억으로 세계 1위야! 중국 사람들이 한꺼번에 점프하면 지구가 흔들린단 얘기가 있을 정도야.

중국은 땅도 엄청 넓어서 세계 3위야. 게다가 묻혀 있는 자원도 어마어마하지. 이 땅이 다 개발되면 엄청날 거야.

예전에 중국은 가난한 사회주의 국가였지만, 이젠 7~8퍼센트 경제 성장률을 보이고 있는 경제 대국이 되었지.

이제 달라진 새로운 중국을 보게 될 거야.

그러게……. 난 너희 형 의견에 찬성이지만, 아무래도 우리 부모님 세대는 미국이 여전히 세계 최강국이라고 생각하실 수 있을 것 같아. 여전히 미국 언어가 세계 공통어이고, 달러도 전 세계에서 통용되는 화폐이니까. 게다가 지금까지 우리나라가 미국이란 우방을 바탕으로 발전을 해 왔으니 말이야.
그나저나 세계 양대 최강국 미국과 중국 사이에서 우리나라는 어떻게 해야 한다니?
여하튼 너희 형 중국으로 어학연수 가시면 우리 놀러 가자! 친구끼리 해외여행 가 보는 것도 재밌고 좋잖아.

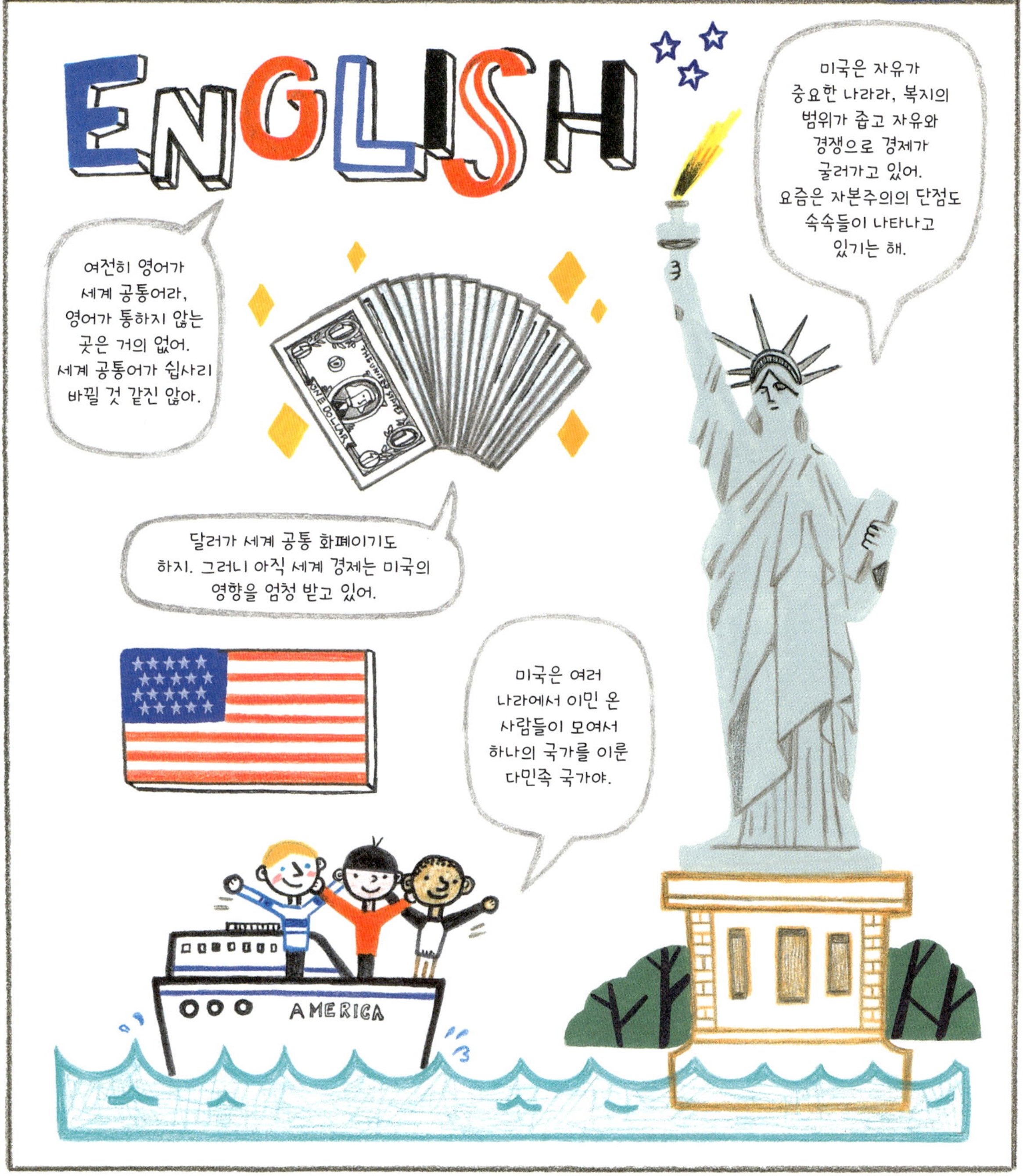

ENGLISH

여전히 영어가 세계 공통어라, 영어가 통하지 않는 곳은 거의 없어. 세계 공통어가 쉽사리 바뀔 것 같진 않아.

미국은 자유가 중요한 나라라, 복지의 범위가 좁고 자유와 경쟁으로 경제가 굴러가고 있어. 요즘은 자본주의의 단점도 속속들이 나타나고 있기는 해.

달러가 세계 공통 화폐이기도 하지. 그러니 아직 세계 경제는 미국의 영향을 엄청 받고 있어.

미국은 여러 나라에서 이민 온 사람들이 모여서 하나의 국가를 이룬 다민족 국가야.

1) 아메리칸드림, 그때 미국에선 무엇이든 가능했죠!

여러분은 어떤 영화를 좋아하나요? 부모님이 여러분만 할 때는 할리우드 영화가 최고였어요. 영화뿐만 아니라 드라마도 마찬가지였지요. 미국 영화와 드라마를 보며 여러분 아빠, 엄마는 꿈을 키웠어요. 〈맥가이버〉, 〈A-특공대〉, 〈600만 달러의 사나이〉 등 손에 꼽을 수 없을 정도로 많은 미국 드라마가 우리나라에서 크게 인기를 끌었습니다.

즐겨 본 만화들도 죄다 미국 만화였습니다. 대부분 미국 영화사 월트 디즈니사에서 만든 작품이었습니다. 20~30년 전에는 이처럼 어린아이부터 청소년, 어른까지 미국 영화, 드라마, 만화를 참 많이 보고 즐겼습니다.

미국이라는 나라는 여러분 어머니, 아버지의 정신세계에 상당한 영향을 끼쳤습니다. 미국은 동경의 대상, 부러움의 대상이었거든요. 가끔은 미국을 샘내고 밉게 보는 사람들도 있었겠지만 당시 청소년들에게 미국이 호감 가는 나라였던 것은 분명합니다. 당시 미국은 문화 강국이었거든요.

또한 미국은 군사력도 세계 최강이었습니다. 미국을 가리켜 조금 어려운 말로 '세계 경찰'이라고 부르기도 했지요. 실제로 미국은 전 세계 곳곳에서 일어나는 전쟁에 관여했고 미국이 참전하면 '전쟁이 조만간 끝나겠다.'라는 느낌을 받았습니다. 도저히 다른 나라가 따라올 수 없는 첨단 무기를 앞세워 상대편을 제압해 나갔으니까요.

경제력은 두말하면 잔소리였습니다. 돈을 벌기 위해 많은 사람들이 미국으로 갔습니다. '아메리칸드림'이라는 말이 있을 정도였어요. 미국에 가면 아무리 허드렛일을 하더라도 우리나라에서보다 더 많은 돈을 벌고 여유롭게 살 수 있을 거라고 믿었습니다. 물론 현재는 러시아로 불리는 소련, 그리고 아시아의 강국 일본도 한때 미국이 긴장할 만큼 부강했습니다. 하지만 결국 미국을 따라잡지는 못했어요. 미국 돈인 달러는 세계 어느 곳에서나 사용할 수 있는 공통 화폐가 되었고, 미국 언어인 영어는 여전히 세계 공통어 역할을 하고 있습니다. 그야말로 미

국은 문화·경제·정치·군사 모든 면에서 최강대국이었습니다. 그래서 어떤 사람은 '제국'이라고 부르기도 했습니다.

2) 아메리칸드림에서 깨어났어요

"달도 차면 기운다."라는 말 알죠? 지금 미국에서 그러한 조짐이 나타나고 있습니다. 이제는 더 이상 제국이라는 표현을 잘 쓰지 않지요. 물론 지금도 강력한 나라인 것은 사실이지만 그 위세가 예전만 못한 것은 분명해 보입니다.

미국은 2008년에 큰 금융 위기를 겪은 뒤 경제력이 많이 약해졌습니다. 부자 나라 미국에 실업자들이 넘쳐 나고 파산하는 기업들이 쏟아졌습니다. 심지어 나라 곳간이 비어 정부가 공무원에게 월급을 제때 주지 못하는 일도 있었죠. 제 나라도 감당하기 힘들다 보니 다른 나라에 경제 원조를 해 강대국의 위세를 떨치기 힘들어졌습니다.

군사력도 마찬가지입니다. 미국 비행기가 뜨면 전쟁이 이내 끝났던 화려한 시절은 가고 있습니다. 미국이 공개적으로 참전했는데도 시원한 승리를 거두는 경우가 드물어졌습니다. 중동 사태가 한 예입니다. 미국은 어렵사리 중동의 한 테러 집단의 대장을 죽이는 데 성공했지만, 그 테러 집단의 영향은 여전합니다. 적을 제대로 제압하지 못한 것이죠. 도리어 미국 경제의 상징물인 쌍둥이 빌딩(세계 무역 센터)이 테러 집단의 공격으로 한순간에 무너진 '9·11 테러 사건'이 발생하기도 했습니다.

문화 영역은 어떤가요? 할리우드 영화도 예전만큼 큰 인기를 끌지 못합니다. 오히려 한국 영화 돌풍 소식이 심심찮게 들려옵니다. 10여 년 전에는 '한국 영화를 지키자.'라는 취지로 1년에 외국 영화 상영 일수를 제한하고 한국 영화를 육성하자고 영화배우들이 시위를 한 적도 있었습니다. 하지만 이제는 더 이상 그런 주장이 많이 나오지 않고 있습니다.

'미드(미국 드라마)' 광팬도 있지만 그만큼 '일드(일본 드라마)' 팬도 많아졌고, 뒤질세라 한국 드라마도 인기가 좋습니다. 〈대장금〉 같

은 드라마는 많은 나라에 수출되어 엄청난 인기를 몰고 있지요. 한류 바람을 타고 우리나라 배우, 탤런트, 가수들이 세계에서 선전하고 있습니다.

3) 중국이 새롭게 꿈을 꾸어요

미국이 내어준 세계 최강국의 자리를 누가 차지하게 될까요? 많은 전문가들이 중국을 꼽는 데 주저하지 않습니다. 중국은 10여 년 동안 빠르게 성장하면서 미국의 지위를 넘볼 만한 초강대국으로 자리 잡아 가고 있습니다.

중국은 우리와 무척 가까운 위치에 있는 나라라서 이미 여러분은 중국의 힘을 좀 더 가까이에서 느끼고 있을 겁니다. 주변에 중국어를 배우는 친구들이 있고, 중국으로 출장을 떠나는 부모님, 중국으로 유학을 가는 형, 누나도 있을 겁니다. 예전엔 출장이나 유학은 무조건 미국이었고, 외국어를 공부한다고 하면 거의 다 영어였지요.

제주도 등 우리나라 유명 관광지에 가면 중국인들이 참 많습니다. 물론 중국이 지리적으로 가깝기 때문에 중국인 관광객이 많을 수도 있겠지만 또 다른 측면에서 보면 중국인들이 해외여행을 다닐 수 있을 정도로 호주머니가 두둑해진 것입니다. 사실 우리나라뿐 아니라 세계 어느 나라를 가 봐도 중국인 관광객을 쉽게 만날 수 있습니다.

중국은 미국보다 땅도 넓고 인구도 많습니다. 강대국이 될 수 있는

기본 조건을 갖춘 셈이지요. 여기에 경제력과 군사력까지 강해지면서 더욱 위세를 떨치고 있습니다. 미국 눈치만 보던 수많은 나라들도 이제는 중국 정치인과 경제인의 말에 주의를 기울입니다.

중국의 성장은 미국과의 관계에서 잘 드러납니다. 특히 경제 분야에서 두드러지지요. 미국은 경제력이 약해지면서 빈 나라 곳간을 채우지 못해 외국에서 돈을 빌려다 쓰고 있습니다. 중국의 힘은 바로 여기에서 시작됩니다. 중국의 정부와 기업이 미국에 돈을 가장 많이 빌려주었거든요. 사람과 사람 사이에서도 돈을 빌려준 사람이 빌린 사람에게 큰소리치듯이 나라와 나라 사이도 마찬가지입니다. 중국이 유난히 미국에 큰소리를 치는 것은 바로 이런 관계 때문입니다.

또한 중국은 미국에서 만들어진 물건을 가장 많이 사는 나라이기도 합니다. 인구가 많은 데다 사람들이 부유해지면서 물건을 살 수 있는 능력이 부쩍 커졌거든요. 중국에 물건을 팔아 벌어들인 돈으로 먹고 사는 미국에게 중국이 만만치 않은 상대가 된 것은 분명합니다. 이쯤 되면 중국은 제국이 될 가능성이 충분한 것이지요.

4) 강대국 미국과 중국 사이, 우리의 자리는 어디일까요?

문제는 바로 우리입니다. 미국이 유일한 강대국이었던 세상에서 미국과 중국이 양대 강국인 세상으로 전환하는 지금 우리나라는 어떤 전략을 세워야 할까요?

명분과 실리를 모두 찾는 것은 아마도 여러분 세대의 몫이겠지요. 이 해답을 찾으려면 정치, 경제 공부도 많이 해야 하지만 역사 공부를 게을리해선 안 됩니다. 지금과 비슷한 상황이 역사적으로 끊임없이 일어났거든요. 우리 조상들은 이런 상황을 어떻게 지혜롭게 극복해 나갔는지 알아보는 것이 현재를 사는 우리에게 많은 도움을 줄 겁니다. 그런 공부를 열심히 하다 보면 오늘날 우리나라 앞에 놓인 숙제를 풀 수 있는 열쇠를 만나게 될 것입니다.

  시간이 많지 않습니다. 선택의 시기가 그리 멀지 않았다는 것이지요. 당장 우리나라에 들어와 있는 미군 부대를 어떻게 해야 할지, 서

해 등 우리나라 영토에 대해 시시때때로 딴지를 거는 중국을 어떻게 바라봐야 할지, 미국 중심의 경제 질서를 넘어서기 위해 중국 중심의 경제 질서를 만들려는 중국의 요청에 어떻게 응해야 할지 등은 우리나라의 큰 고민거리입니다. 우리나라의 국익에 맞는 결정을 어른들이 잘할지에 대해서도 언제나 관심을 갖고 지켜봐야겠습니다.

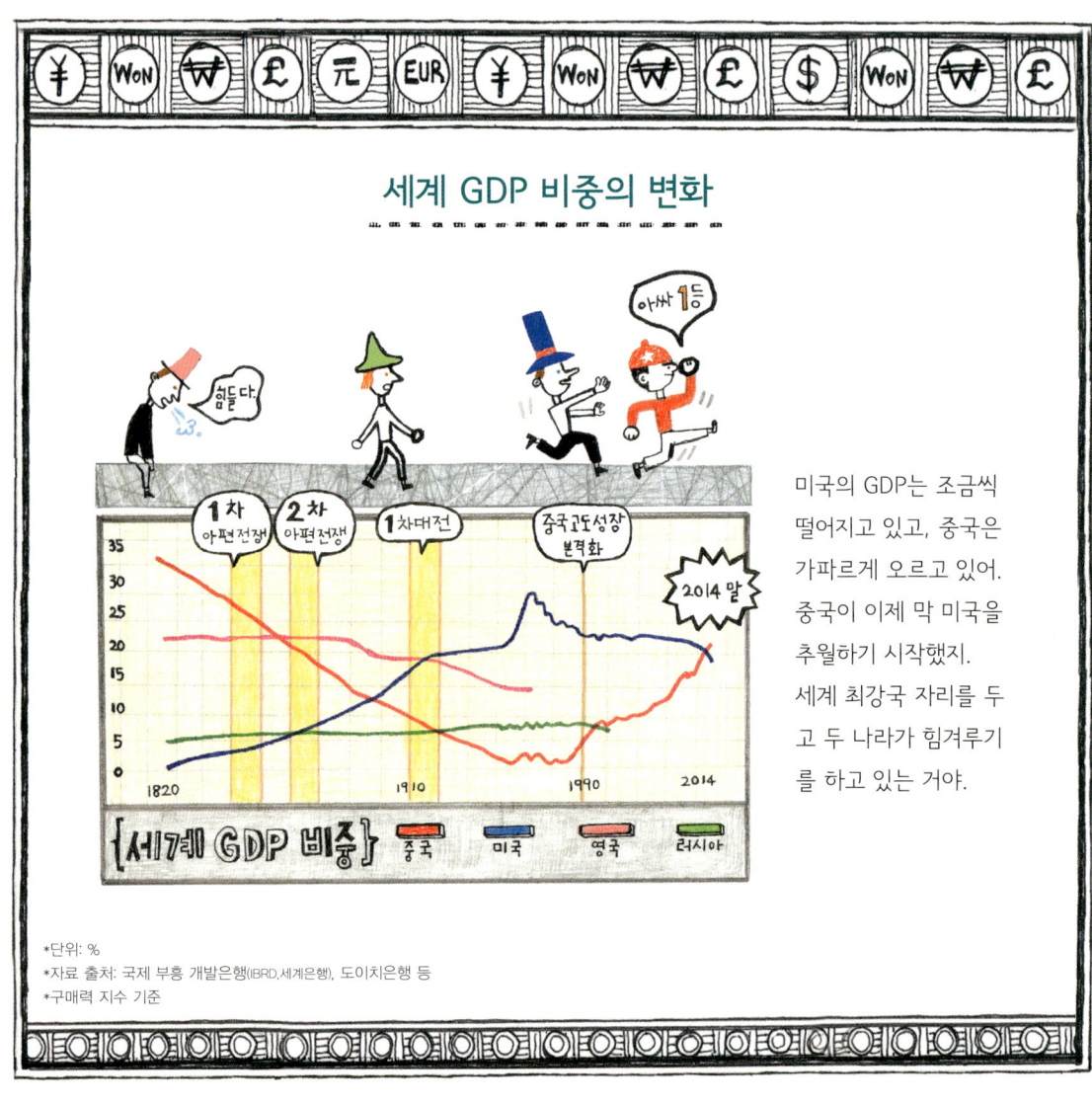

11

외국인 노동자,
차별받지 않을 권리

1) 60만 명 외국인 노동자는 도대체 어디에 있을까요?

서울 명동에 가 보았나요? 그곳에 가면 많은 외국인을 볼 수 있습니다. 대부분 관광객이죠. 상점마다 외국인이 알아보기 쉽게 영어, 타이 어, 중국어, 일본어 등 다양한 외국어가 적힌 팻말이 나붙어 있습니다. 주말에 명동에 가면 여기가 한국 땅인지, 중국 땅인지, 일본 땅인지 분간이 안 될 정도입니다.

우리나라를 방문한 외국인이 모두 잠시 들렀다 가는 관광객인 것은 아닙니다. 그보다 훨씬 더 많은 사람들이 일을 하러 온 노동자들입니다. 돈을 벌기 위해 우리나라에 와 있는 것이지요. 60만 명쯤 된다고 하니 어마어마하지요? 그리고 그 숫자는 계속 늘고 있습니다.

그런데 이상하지 않나요? 이렇게 외국인 노동자가 많은데 막상 주위에서 만나기가 쉽지 않습니다. 60만 명이 외국인 노동자라면 어림잡아도 우리나라 인구 100명당 1명꼴입니다. 흔하다고까지는 할 수 없지만 그렇다고 생활 속에서 아주 안 보일 정도는 아니죠.

잘 보이지 않는 이유는 그들이 하고 있는 일과 관련이 있습니다. 외국인 노동자들의 일터와 생활 공간이 사람들 눈에 잘 띄지 않는 곳에 있거든요. 외국인 노동자들은 대체로 허름한 곳에서 살고 있습니다. 길을 가다가 우연히 그들이 있는 곳을 지나칠 수도 있습니다. 허름하고 좁은 집에, 유행과 무관해 보이는 옷을 입고 있는 경우가 많지요. 이들이 하는 일은 우리나라 사람이 잘 하지 않으려는 일인 경우가 많습니다. 예전에 우리나라 사람들이 하던 일이긴 해도 나라가 부유해지고 사람들이 더 잘살게 되면서 점차 힘들고 위험하고 지저분한 일을 하려는 사람이 적어지고 있으니까요. 하지만 힘들고 위험하고 지저분한 일도 꼭 필요하기에 누군가는 그 일을 해야 합니다. 이런 일들이 외국인 노동자의 몫이 되고 있습니다.

때로 외국인 노동자들이 차별을 받기도 합니다. 노동에는 귀천이 없다고 하는데 현실은 그렇지 않지요. 물론 얼굴색이나 국적 때문에 차별을 받지만 차별의 가장 큰 이유는 그들이 가난하고 허드렛일을 하기 때문입니다. 여러분도 알다시피 돈이 많은 외국인이나 전문직 외국인은 차별은커녕 선망하기도 하잖아요. 부유함에 따라 사람을 차별하는 행동은 정말 옳지 않은 모습이죠?

2) 차별을 정당화할 근거가 있나요?

외국인 노동자들이 좀 더 위험하고 힘든 일을 하는데도 그만큼 대접받지 못하는 경우가 종종 있습니다. 일터에서 임금을 제대로 받지 못하거나, 식당이나 학교 등 공공장소에서 멸시를 받기도 합니다. 기본적으로 같은 일을 해도 한국 사람보다 보수가 적죠. 그들은 단지 일을 하러 왔을 뿐인데 말입니다.

"그래도 큰돈을 벌려고 온 것 아닌가요?"

그렇죠. 외국인 노동자들이 우리나라에 오는 이유는 큰돈을 벌기 위해서입니다. 외국인 노동자 중에는 자기 나라에서 좋은 대학을 다녔던 이들도 적지 않습니다. 이들이 오는 이유는 본국에 일자리가 없거나 일을 해도 큰돈을 벌기 어렵기 때문입니다. 모두가 큰돈을 벌어서 돌아가는 것은 아니지만 큰돈을 벌어 고향으로 돌아가 좋은 집을 짓거나 사업을 하는 사람들도 있습니다. 이들이 고향으로 돌아가 좋은 집을 지을 수 있는 것은 그 나라 물가가 우리보다 싸기 때문이지요. 우리나라에서는 방 한 칸 얻을 돈도 되지 않지만 그 나라에서는 집을 지을 수도 있는 돈이니까요.

상상이 가지 않는다고요? 불과 40~50년 전 우리 할머니, 할아버지도 독일, 미국 등 외국으로 나가 외국인 노동자로 일했습니다. 허름한 뒷골목에서 볼 수 있는 외국인 노동자들이 50년 전 우리 할머

니, 할아버지의 젊은 시절 모습이기도 합니다. 독일에 광부나 간호사로 가는 경우가 많았는데, 독일 사람들이 위험하다며 내려가길 꺼렸던 깊은 갱도를 우리의 할아버지들이 내려갔던 거예요. 그렇게 힘들게 번 돈(외화)을 우리나라에 보냈지요. 그 돈을 종잣돈 삼아 우리나라가 발전할 수 있었던 것이고요.

생각해 봅시다. 가난한 나라에서 왔다고 차별받아야 할까요? 공짜로 돈을 가져가는 게 아니라 노동을 해서 돈을 버는데도 말이죠. 사실 사람이 사람을 차별할 근거는 어디에도 없습니다. 공부 잘하는 친구가 나를 무시한다면 기분이 어떻겠어요?

우리에게는 그들을 차별할 권리가 없습니다. 그들은 그들의 가족과 꿈을 위해 힘든 일을 마다하지 않을 뿐이지, 차별을 받기 위해 우리나라에 온 것은 아니잖아요.

3) 꼭 필요하지만 하고 싶지 않은 일은 누가 하나요?

외국인 노동자가 없다면 어떤 일이 벌어질까요? 외국인 노동자를 바라보는 시선 중 하나는 뭔가 은혜를 베푼다는 시혜적 시각입니다. 다시 말해 우리가 그들에게 일자리와 돈을 베푼다는 인식이지요. 이런 시혜적 인식이 어쩌면 외국인 노동자를 차별해도 괜찮다는 그릇된 생각을 낳는 씨앗일 수 있습니다.

여러분이 즐겨 쓰는 컴퓨터나 냉장고를 생각해 봅시다. 컴퓨터와 냉장고가 삼성전자나 엘지(LG)전자 같은 대기업에서 모조리 만들어진다고 생각하면 오산입니다. 모든 제품은 원재료부터 완성품까지 수많은 생산 단계를 거치고 수많은 공장을 거칩니다. 대기업 공장에서는 여러 기업과 공장에서 만든 부품들을 최종적으로 조립하고 검사하는 일을 중점적으로 합니다. 또 제품 마케팅이나 홍보 같은 데 많은 노력을 기울이지요. 달리 말해 제품을 만드는 것 자체는 우리가 보지 못하는 크고 작은 수많은 공장에서 나누어 이뤄집니다.

바로 이 보이지 않는 수많은 작은 공장에서 외국인 노동자들이 주로 일을 합니다. 컴퓨터를 만들기 위해 반드시 필요한 작업이긴 하지만 우리나라 사람들은 하지 않으려는 일들이 그들의 몫입니다. 꼭 필요한 일이지만 임금이 낮고 일하는 여건이 열악한 곳이 많지요. 여러분이, 아니 우리가 풍족한 물질을 소비하고 누리며 생활할 수 있는 것은 외국인 노동자들이 '잘 보이지 않는 작은 공장'에서 '누구도 선뜻 하려 하지 않는 일'을 했고, 지금도 하고 있기 때문이기도 합니다. 그들이 없다면 집에 있는 수많은 물건이 없었을 수도 있습니다.

4) 인간은 부품이 아니에요, 따뜻한 시선으로 보아요

세계 경제는 빈틈없이 연결되어 있습니다. 우리나라에 부족한 물건을 다른 나라에서 사 오기도 하고, 우리나라에 넘치는 물건을 다른 나라에 팔기도 합니다. 앞의 것을 '수입'이라고 하고, 뒤의 것을 '수출'

이라고 합니다. 수입과 수출을 하는 행위를 '무역'이라고 합니다.

외국인 노동자도 마찬가지입니다. 우리나라에 부족한 노동력을 외국에서 사 온 것이죠. 예전 할아버지, 할머니가 살던 시절에 우리나라가 사람을 수출했다면 요즘에는 우리나라가 사람을 수입해 오고 있는 셈입니다.

물건 무역이 우리 삶을 좀 더 풍요롭게 만든 것과 마찬가지로 사람 무역도 우리 삶을 좀 더 풍족하게 합니다. 앞에서도 말했지만 외국인 노동자가 없다면 아마도 우리는 좀 더 비싼 가격에 물건을 사야 하거나 아예 살 수 없을지도 모릅니다. 우리가 좀 더 싸고 질 좋은 제품을 사용할 수 있는 것은 바로 '사람 무역'이 있기 때문입니다.

하지만 물건 무역과 사람 무역은 본질적으로 큰 차이가 있습니다. 사람과 물건은 근본적으로 다르니까요. 사람은 그 자체로 존엄을 가지는 존재입니다. 외국인 노동자가 큰돈을 벌려고 다른 나라에서 왔든, 우리와 피부색이 다르든, 허름한 옷을 입든, 힘들고 거친 일을 하든 아무 상관이 없습니다. 외국인 노동자들은 '노동력'이라는 '상품'을 파는 '사람'입니다. 외국인 노동자는 노동력이라는 상품을 판 대가로 돈을 받는 '사람'입니다.

조금 더 쉬운 말로 풀어 볼까요? 외국인 노동자도 고향엔 여러분 같이 귀엽고 똑똑한 자녀들이 있습니다. 또 공경해야 할 부모님이 계시죠. 여러분 부모님이 여러분을 끔찍이 예뻐하는 것처럼 외국인 노동자도 고향의 자녀들을 몹시 예뻐하지요. 여러분이 부모님을 소중히 여기는 것처럼 외국인 노동자는 그들의 자녀에게 무척 소중한 부모이고요. 여러분 부모님이 차별을 받거나 무시를 당하면 마음이 매우 좋지 않을 겁니다. 마찬가지로 여러분 또래의, 여러분 친구가 될 수도 있는 외국인 노동자의 자녀들이 한국에서 일하는 부모님이 힘든 일을 한다고, 피부색이 다르다고 차별받는다는 사실을 알게 되면 기분이 어떨까요? 우리에게 필요한 것은 사람을 사람으로 바라보는 따뜻한 시선입니다.

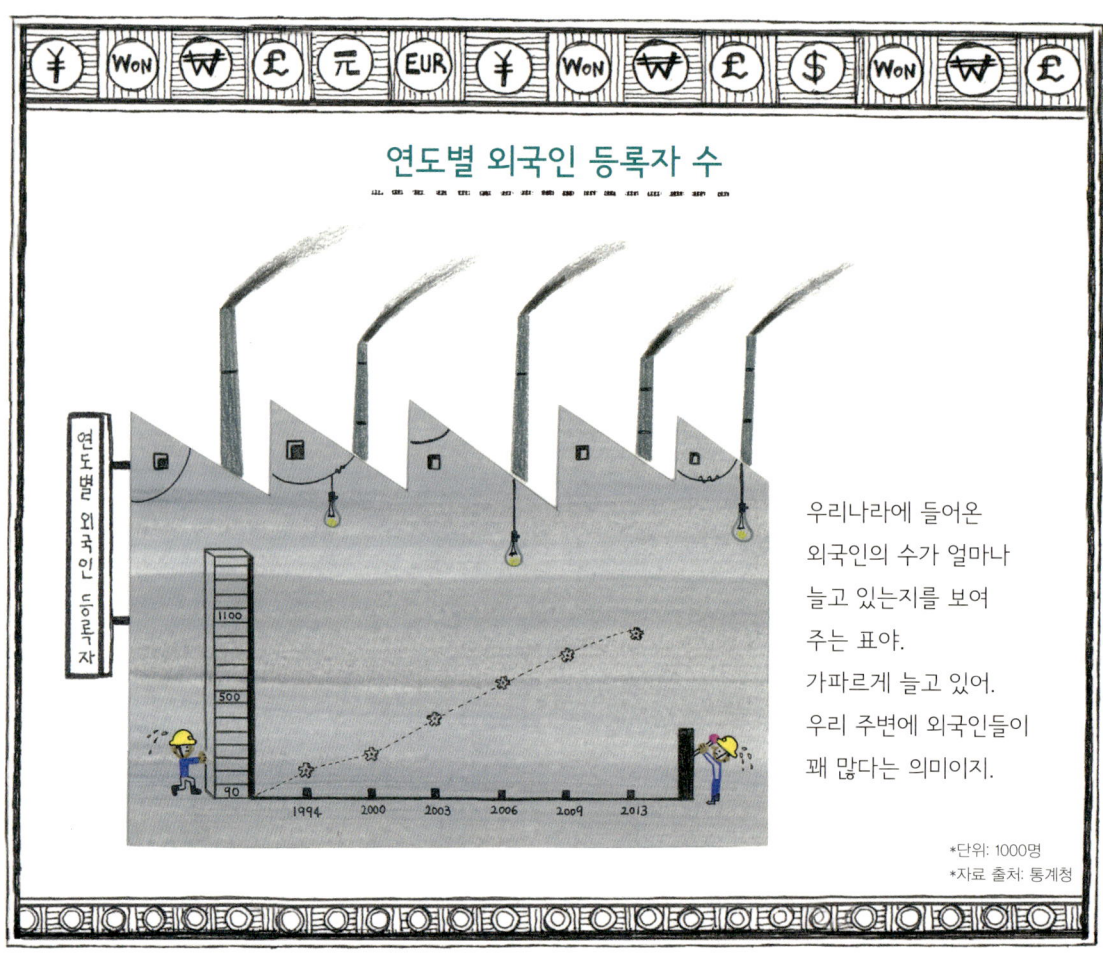

연도별 외국인 등록자 수

우리나라에 들어온 외국인의 수가 얼마나 늘고 있는지를 보여 주는 표야. 가파르게 늘고 있어. 우리 주변에 외국인들이 꽤 많다는 의미이지.

*단위: 1000명
*자료 출처: 통계청

12

세계 빈곤,
가난한 나라가 더 가난해지는 악순환

 어제 다큐멘터리 봤어? 꼭 영화 보는 것 같았어. 에볼라 바이러스 너무 무서워.
그렇지 않아도 기후도 좋지 않고 물도 부족하고 특히나 가난한 나라가 많은 대륙인데.

그러게. 살기 어려운 아프리카 대륙에서 그런 병까지 생길 게 뭐람?
그게 정말이지 그 사람들 책임은 아닌데, 마음이 너무 아파.

 그건 또 무슨 소리? 그 사람들 책임이 아니면 누구 책임? 날씨도 덥고 하니 일하기 싫고 그래서
가난한 거겠지. 생각해 봐. 우리나라도 불과 수십 년 전에는 매우 가난한 나라였지만 열심히 노력해서
이제는 선진국 대열에 올라섰어. 남 핑계 댈 일은 아니잖아.

야야, 큰일 날 소리! 선무당이 사람 잡는다고, 모르니까 별소리 다 하네!
실제로 빈곤국 상당수는 아주 오랜 기간 동안 부자 나라의 식민지였어. 식민지로 있는 동안
자원도, 사람도 모두 빼앗긴 나머지 스스로 힘으로 일어날 수 없는 지경이었다고.
그것도 내가 게을러서가 아니라 남의 나라 때문에!

식민지 시기가 길기는 했지만, 1960년대에는 대부분 독립을 했잖아. 벌써 50년도 더 전의 일이야. 아직까지 식민지 타령을 하는 건 너무 고리타분하지 않냐?!

 독립한 이후에도 사정이 나아지지 않았으니 그렇지. 강대국이 자신들 편의대로 그어 놓은 국경선을 놓고 끊임없이 분쟁이 일어났고. 또 무역 조건도 좋지 않았고. 강대국이 강제로 돈을 빌려주거나 많은 이자를 요구하는 일이 엄청 잦았어. 그렇지 않아도 가난한데 빌린 돈을 갚기는커녕 엄청난 이자를 물어내느라 악순환이 계속되고 있는 거라고.

그러면 오늘날 강대국은 뭐 별다른 기회라도 있었단 말이야?

 당연하지! 미국만 해도 200년 전에는 영국의 지배를 받던 나라였어. 자기 나라의 산업을 키우기 위해 강력한 보호 무역 정책을 폈고, 정부의 보호 아래 나라의 중요한 산업이 자라날 수 있었으니까. 언제쯤 공평한 세계가 되려나? 그나저나 치료약은 개발되었다니?

1) 출발선이 똑같은 게 공정한 걸까요?

사람마다 타고난 재능이 다릅니다. 이 재능에 따라서 성과도 다르게 나타나지요. 이를테면 미술에 재주가 있는 친구는 같은 시간 동안 그림을 그려도 더 잘 그릴 수 있지요. 노래를 잘 부르는 친구에게는 타고난 성대와 음감이 있고요. 분명 타고난 재능은 중요하지만 타고난 재능이 항상 최고의 결과를 결정하는 것은 아닙니다. 재능이 좀 부족하더라도 열심히 노력해서 더 나은 성과를 낼 수 있지요. 각 분야에서 성공한 사람들이 한결같이 재능보다 노력을 더 강조하는 것도 이러한 이유에서입니다. 이처럼 어떤 성과는 타고난 재능과 후천적 노력이 합쳐진 결과입니다. 그러니 머리가 좋지 않아서 성적이 잘 안 나온다고 탓하는 것은 어리석은 행동입니다. 좋은 성과를 내는 사람은 상황을 탓하기에 앞서 자신을 먼저 돌아보지요.

사람마다 타고난 고유한 재능은 최대한 살리되, 돈이나 권력 등의 차이가 차별이 되지 않도록 사회가 뒷받침해 줄 수 있다면 참 공정할 겁니다. 노력하면, 그만큼의 성과를 얻을 수 있는 사회 말입니다. 그

래서 어떤 사회에서는 타고난 조건에 따른 차이를 줄이려고 노력합니다. 타고난 조건이 저마다 다른데 같은 출발선에서 똑같이 출발하라고 하는 것은 불공정하다고 보는 거예요.

대학마다 농어촌 학생이나 생활 형편이 좋지 않은 학생 등을 일정 비율 꼭 뽑아야 한다는 의무 사항이 있습니다. 외국에는 차별받아 온 인종을 의무적으로 일정 비율 뽑는 학교도 있지요. 기업에서도 여성이나 장애인을 일정 비율 반드시 채용해야 한다는 법이 있어요. 이를 지키지 않으면 벌금을 내야 합니다. 이 모든 것이 출발선을 적정하게 맞추려는 노력입니다.

2) 나라마다 출발선이 달랐어요

세계 지도를 펼쳐 보면 수많은 나라가 있습니다. 이 나라들 가운데는 부강한 나라도 있고 가난한 나라도 있습니다. 이런 차이는 왜 생길까요? 일단 출발선이 다르기 때문입니다. 사람마다 타고난 재능이 다른 것처럼 나라도 타고난 조건이 다릅니다. 한 가지 예를 들어 봅

시다. 물건을 만들려면 재료가 필요합니다. 바로 광물, 나무, 물 등의 자원입니다. 어떤 나라는 땅을 파기만 하면 광물이 쏟아져 나옵니다. 반면 어떤 나라는 부족한 광물을 다른 나라에서 사 와야 합니다. 특별히 노력하지 않아도 자연 경관이 아름다워 관광지로 주목을 받는 나라도 있고, 물이 철철 넘쳐흘러 물 걱정 없는 나라도 있고, 또 한편으로는 사계절 내내 더워서 일하기 힘든 나라도 있습니다. 이처럼 자연조건이 유리한 나라가 있고 그렇지 않는 나라도 있는 거지요. 친구마다 타고난 재능에 차이가 있는 것처럼 나라들도 저마다 다른 장점과 단점을 처음부터 갖고 있는 겁니다.

자연조건 말고 다른 것도 있습니다. 인구는 어떨까요? 자연조건이 아무리 좋다고 하더라도 이를 활용할 수 있는 사람이 없다면 무용지물입니다. 자연을 잘 활용할 수 있

는 기술과 능력을 가진 사람이 많아야 산업이 발전할 수 있습니다.

또한 물건을 만드는 사람과 물건을 사는 사람이 있어야 경제가 발전하고 나라가 부강해집니다. 그런데 현재 전 세계에 가난한 나라도 있고 부강한 나라도 있는 이유는 지금까지 말한 자연조건 때문만은 아닙니다. 실은 인간이 만든 조건이 더 큰 영향을 끼쳤습니다. 하지만 부강한 나라들은 하나같이 인간이 만든 조건에 대해서는 잘 말하지 않습니다. 대신 가난한 나라 사람들이 게을러서, 지적 수준이 낮아서 가난한 것이라고 '쉽게' 말합니다. 왜 그럴까요? 그 이유는 바로 인간이 만든 조건 속에 숨은 진실이 있기 때문입니다. 숨은 진실을 찾아가는 건 조금은 어렵고 복잡합니다. 여기서 바로 복잡하고 어려운 이야기를 차근차근 해 보려 합니다.

3) 중세와 산업 혁명 시대에는 어땠을까요?

신이 인간 세상을 지배한다는 믿음이 강했던 중세에는 대부분 나라가 고만고만하게 가난했습니다. 당시에는 나라, 즉 국가라는 개념도 희미했지요. 국왕보다 교황이 더 힘이 셌던 시절입니다. 나라 사이에 부의 격차가 크게 벌어지게 된 계기는 18세기 후반에 시작된 산업 혁명 때문이었습니다. 산업 혁명, 여러분도 책에서 한 번쯤은 보았을 겁니다. '혁명'이란 단어가 붙은 데서 알 수 있듯이 산업 혁명은 인간의 삶에 큰 변화를 가져왔습니다.

산업 혁명은 증기 기관 등의 발명으로 인간의 생산 능력이 엄청나게 커진 것을 말합니다. 생산 능력이 커진 만큼 많은 물건이 생산되고 물건값도 싸졌습니다. 한 가지 예를 들어 볼까요? 여러분이 좋아하는 자동차 이야기입니다. 예전엔 자동차 한 대를 만들려면 시간도 많이 필요했지만 비용도 엄청 많이 들었습니다. 그러니 자동차 한 대 가격이 어마어마하게 비쌌지요. 자연히 자동차를 탈 수 있는 사람은 왕족이나 귀족 같은 특수한 계층뿐이었습니다.

그러다가 1900년대 초반 미국의 자동차 회사 사장 헨리 포드가 획기적인 시스템을 개발했습니다. 자동차를 짧은 시간 안에 저렴한 비용으로 많이 생산할 수 있는 시스템이었지요. 이 시스템을 사용한 이후 많은 사람들이 자기 차를 가질 수 있게 되었습니다. 저렴한 자동차가 쏟아져 나왔기 때문입니다. 이러한 변화는 산업 혁명이 시작된 지 200년이나 지나고서 생겼지만, 산업 혁명이 없었다면 불가능했

을 겁니다.

 산업 혁명은 전 세계에서 동시에 일어난 게 아닙니다. 먼저 영국에서 시작되어 독일 등 유럽으로 퍼졌고, 그 뒤에 미국으로 퍼져 나갔습니다. 아시아에서는 일본이 가장 먼저 산업 혁명을 시작했지요. 산업 혁명을 일찍 시작한 나라들이 대부분 지금 부강한 나라입니다. 미국과 영국에서 자동차가 대중화될 당시, 산업 혁명이 없었던 우리나라에서는 보편적 탈것이 마차였습니다.

 물론 산업 혁명을 일찍 시작한 것이 부강한 나라가 된 이유 중 하나이지만, 그것 말고 다른 이유도 있습니다. 산업 혁명을 일찍 시작한 나라들이 국제 사회에서 스스로가 더욱더 부강해질 수 있는 특별한

조건을 만들었기 때문입니다. 바로 무역 조건입니다.

앞에서도 얘기했듯이 산업 혁명이 가져온 가장 큰 변화는 바로 대량 생산입니다. 값싸고 질 좋은 물건을 대량으로 생산해 팔 수 있게 된 것입니다. 여기서 한 가지 의문을 가질 수 있습니다. 생산 능력이 무한정 커질 수 있을까요? 기술이 발전하면 된다고요? 꼭 그렇지는 않습니다. 좋은 물건이 나오더라도 살 사람이 없으면 어떻게 될까요? 생산할 이유가 전혀 없습니다. 여기서 소비의 문제로 이어집니다. 물건을 살 사람이 없다면 대량 생산은 한계에 부딪힐 수밖에 없습니다. 자동차가 집집마다 한두 대씩 있을 순 있지만 자동차 값이 아무리 싸진다 하더라도 열 대씩 있기는 어렵습니다. 필요한 물건보다 생산되는 물건이 더 많아지면 다 팔리지 않은 물건은 쓰레기 신세를 면할 수 없습니다. 이 때문에 물건을 많이 생산할 능력이 있는 나라들은 이렇게 만들어진 물건을 팔 수 있는 소비자가 필요했습니다. 이것이 제국주의 국가와 식민지 국가가 나타나게 된 배경입니다.

4) 제국주의와 식민지 시대를 살펴보아요

제국주의 국가는 힘없는 여러 나라를 식민지로 만들었습니다. 식민지를 수탈해 자기 나라를 부유하게 만들려는 목적이었지요. 수탈은 두 가지 형태로 이루어졌습니다. 먼저 식민지의 풍부한 자원을 제국이 마음껏 가져갔습니다. 이런 자원으로 제국주의 국가들은 물건을 좀 더 싸게 만들 수 있었지요. 그리고 사람도 마구 데려갔습니다. 이렇게 끌려간 사람들을 '노예'라고 부릅니다.

  반면 식민지 국가들은 스스로 부강해지는 데 써야 할 사람과 자원들을 몽땅 빼앗겼습니다. 우리나라도 과거에 일본의 식민지로 지내면서 엄청난 수탈을 당했습니다. 우리나라가 가난했던 이유이기도 합니다.

  식민지 본국은 자원을 마구 가져가 쓴 것뿐 아니라 또 다른 방법으로 식민지를 수탈했습니다. 물건을 만들어 팔아야 하는 선진국들은 가난한 나라에 돈을 빌려주면서 자기들이 만든, 넘쳐 나는 물건을 사도록 강요했습니다. 가난한 나라에도 자동차와 에어컨은 필요

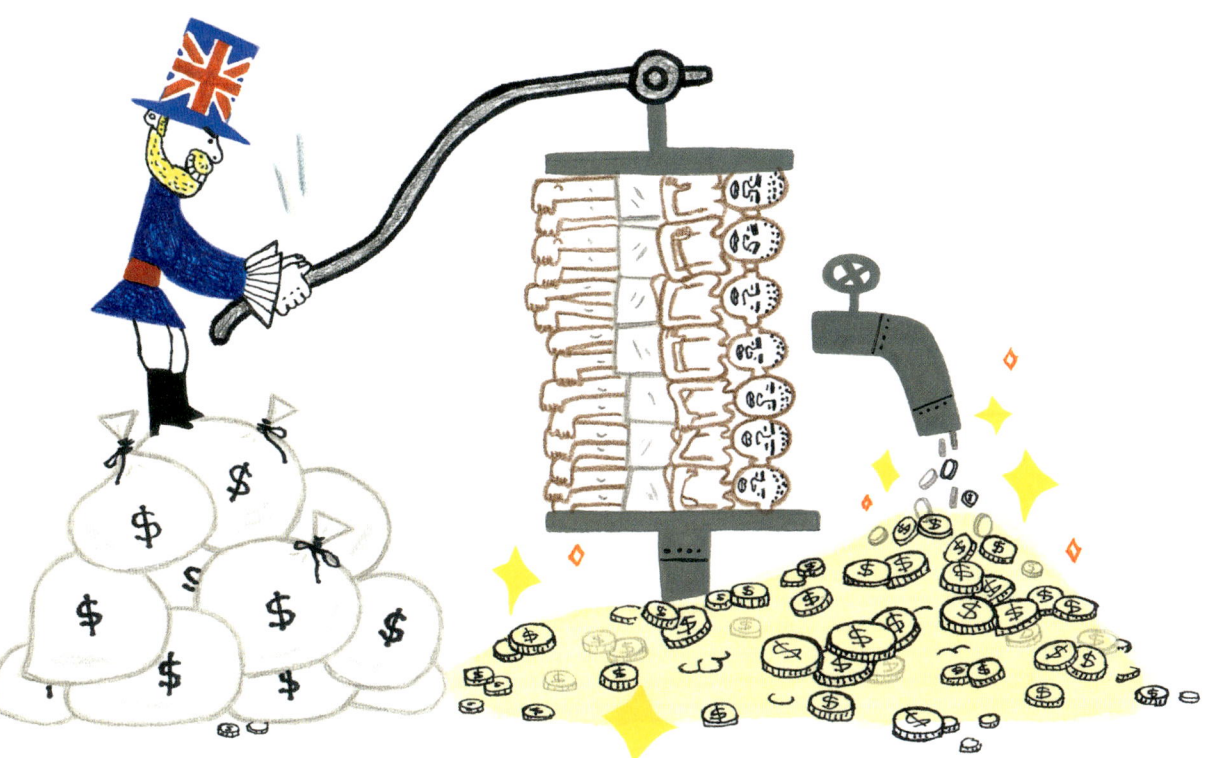

하니까요. 가난한 나라가 스스로 필요해서 돈을 빌리기도 했지만, 선진국에서 일부러 돈을 빌려주며 자기 물건을 팔기도 했습니다. 때로는 '원조'라는 이름으로 물건을 살 수 있는 돈이나 자원을 공짜로 주기도 했지요.

식민지 경험이 있는 국가들이 하나같이 나라 빚이 많은 이유입니다. 은행에서 돈을 빌리면 이자를 내야 합니다. 마찬가지로 나라들 사이에서 돈을 빌릴 때도 이자를 내야 합니다. 가난한 나라들은 종종 빌린 돈을 제때 못 갚기도 하고 밀린 이자 때문에 더 많은 빚을 지기도 합니다. 좀 더 부강한 나라가 되는 데 쓰여야 할 돈이 선진국에서 빌린 돈과 이자를 갚는 데만 쓰이는 셈입니다.

가난한 나라들은 지금도 이러한 굴레에서 벗어나지 못하고 있습니다. 나라를 지탱하려면 돈을 빌려야 하고, 이 빌린 돈을 갚지 못해 더 가난해지는 악순환이 지금까지 계속되고 있는 것이지요. 부강한 나라들은 가난한 나라에 돈을 빌려주면서 자기네 물건을 더 많이 팔고 덤으로 이자까지 받으면서 더욱더 부강한 나라가 되었습니다. 당연히 가난한 나라는 더욱더 가난해졌지요.

5) 대한민국, 가난을 딛고 일어선 자랑스러운 나라예요

그렇다고 가난한 나라 모두가 가난의 굴레에서 벗어나지 못한 것은 아닙니다. 마찬가지로 부강한 나라가 영원히 부강한 것도 아니지

요. 타고난 재능이 적다고 늘 실패만 하지는 않는 것과 같습니다. 주어진 조건을 극복하는 성공담은 개인뿐만 아니라 나라에도 적용됩니다. 그 예를 멀리서 찾을 필요도 없습니다. 우리나라가 대표적인 예이거든요. 부존자원(경제적 목적에 이용할 수 있는 지각 안의 지질학적 자원)이 적고 교육 수준도 낮으며 한국 전쟁이라는 포화 속에 다른 나라의 원조를 받으며 살았지만 지금은 세계에서 그 유례를 찾기 어려울 정도로 빠르게 성장한 나라가 바로 대한민국입니다. 우리나라와 같은 형태로 고속 성장한 나라로는 일본이나 싱가포르, 타이완 등을 들 수 있습니다.

우리나라를 비롯해 가난한 나라에서 부강한 나라로 발돋움한 나라는 몇 가지 공통점이 있습니다. 바로 나라의 힘을 하나로 집중시켰다는 것입니다. 정부가 정책을 만들고 기업인이 그에 따랐습니다. 수많은 사람이 낮은 임금과 열악한 노동 조건 속에서도 열심히 일했습니다. 한마디로 나라의 힘을 한군데 총집중시켜 주어진 한계를 돌파해 나갔습니다. 또 흔히 말하는 우방국인 미국의 우산 아래 들어갔다는 것도 공통점입니다. 초강대국 미국의 우산 아래 들어가서 다른 나라의 군사적 위협에서 어느 정도 안정을 찾을 수 있었고, 세계에서 가장 큰 시장 중 하나인 미국이라는 수출 시장을 얻을 수 있었습니다.

물론 이 과정이 모두 밝지만은 않았습니다. 빠른 성장 과정에서 '빈익빈 부익부(가난할수록 더욱 가난해지고 부자일수록 더욱 부자가 된다는 뜻)' 현상은 극대화되었고, 나라의 힘을 한군데 모으는 과정에서 국민의 인권을 무시하고 서민의 재산을 빼앗는 일도 많이 일어났습니다. 성장 속에 감춰진 그늘이지요.

다만 기억해야 할 것은 우리나라처럼 가난한 나라에서 부강한 나라로 탈바꿈한 나라가 그리 많지는 않다는 겁니다. 주어진 한계를 극복한 것 자체는 아름답지만 그 한계 자체가 정당화되는 것은 아니지요. 예컨대 너희 나라가 가난한 이유가 우리나라처럼 열심히 일을 하지 않았다거나 국민이 한 몸 한뜻으로 단결하지 않았다고 말하는 것은 옳지 못하다는 겁니다.

  이렇게 생각해 보면 어떨까요? 부자인 나라가 더 부유하게 살도록 만드는 조건들, 규칙들을 바꿔 나가는 데 머리를 모아 보는 거죠. 마치 한 나라 안에서 부자만 더 부자가 되고 가난한 사람들은 더 가난하게 만드는 규칙과 조건들을 바꾸기 위해 노력하는 것처럼 말이에요. 이런 노력들은 국제 연합(UN)과 같은 국제기구에서 이루어지고 있지만 아직까지는 국제기구가 그만한 힘이 없어 큰 성과를 내지 못하고 있답니다. 여러분이 어른이 될 때쯤이면 이런 일을 하는 전문가가 많이 나타날 거라고 기대합니다.

 **글쓴이 김경락**

울산에서 태어났고, 서울대학교에서 정치학을 공부했습니다. 프레시안과 한겨레신문사 등에서
15년째 기자로 일하고 있습니다. 주로 경제 분야를 취재하고 기사를 써 왔으며, 2009년과 2013년에
'이달의 기자상'을, 2014년에 '한국기자상'과 '씨티언론인상'을 수상했습니다. '조화로운 성장과
효과적인 분배'라는 주제에 관심이 많습니다. 지금도 한겨레신문사에서 경제 관련 기사를 쓰고 있습니다.

 **그린이 윤지회**

세련된 화면 구성과 뛰어난 색채 감각을 인정받으며 제5회 '서울동화일러스트레이션상'에서 우수상을,
제1회 '한국안데르센그림자상'에서 특별상을 받았습니다. 쓰고 그린 책으로는 《몽이는 잠꾸러기》
《구름의 왕국 알람사하바》《마음을 지켜라! 뿡가맨》《방긋 아기씨》가 있고, 《설탕을 조심해》
《꼬마 요리사의 앗, 뜨거워! 과자 교실》《짜장면 로켓 발사》《신고해도 되나요?》 등에 그림을
그렸습니다.

내 동생도 알아듣는 쉬운 경제

2015년 3월 5일 1판 1쇄 | 2025년 1월 10일 1판 7쇄

글쓴이 김경락 | **그린이** 윤지회

기획·편집 최일주, 이혜정 | **교정** 한지연 | **디자인** 민트플라츠 송지연 | **제작** 박흥기
마케팅 양현범, 이장열, 김지원 | **홍보** 조민희 | **인쇄** 코리아피앤피 | **제책** J&D바인텍

펴낸이 강맑실 | **펴낸곳** (주)사계절출판사 | **등록** 제 406-2003-034호 | **주소** (우)10881 경기도 파주시 회동길 252
전화 031)955-8588, 8558 | **전송** 마케팅부 031)955-8595, 편집부 031)955-8596
홈페이지 www.sakyejul.net | **전자우편** skj@sakyejul.com | **트위터** twitter.com/sakyejul
페이스북 facebook.com/sakyejulkid | **인스타그램** instagram.com/sakyejulkid

ⓒ 김경락·윤지회 2015

값은 뒤표지에 적혀 있습니다. 잘못 만든 책은 구입하신 서점에서 바꾸어 드립니다.
사계절출판사는 성장의 의미를 생각합니다. 사계절출판사는 독자 여러분의 의견에 늘 귀 기울이고 있습니다.
이 책은 저작권법에 따라 보호받는 저작물이므로 무단전재와 복제를 금합니다.

978-89-5828-830-5 73320
978-89-5828-770-4 (세트)